# DRAMATURGIA 19

# DRAMATURGIA 19

**Autores**

Miguelángel Flores
Àlex Brull
Tomás Afán
Lorenzo Ko
Adriana María Andivia
Mirza Alejandra Gutiérrez
Luís Miguel González
Juan Pablo Goñi
Andrés Restrepo
Oscar Esteban
Oscar Alberto Samoilovich
Álvaro Torres
Alba Cámara Guerrero
Ignacio Nieto de la Cruz
Rodrigo Muñoz
Mercè Lopez Cobo

**Editor**

Carro de Baco

**Colabora**

*Ajuntament de Santa Coloma de Gramenet*

**DRAMATURGIA 19**
Colección de textos de teatro, Carro de Baco
Primera edición, 2019

ISBN <978-0-244-81573-8>

Carro de Baco
Calle Santa Gemma, 10
Santa Coloma de Gramenet, España. 08921

www.carrodebaco.com

Contacto: info@carrodebaco.com

A la necesidad compulsiva de fabular que nos hace diseñar alternativas a la realidad.

# CONTENIDOS

- *La sombra* de Miguelángel Flores
- *Xocolata* de Àlex Brull
- *Condenado* de Tomás Afán
- *Ahora vivo aquí* de Lorenzo Ko
- *Primer... ¿Amor?* de Adriana María Andivia
- *Baby Blue* de Mirza Alejandra Gutiérrez
- *Wajtacha* de Luis Miguel González
- *Complejo de vida ecológica* de Juan Pablo Goñi
- *Soterrado compás* de Andrés Restrepo
- *Taxi* de Oscar Esteban
- *Anillos* de Oscar Alberto Samoilovich
- *Guillotina* de Álvaro Torres

- *Interiors* de Mercè Lopez
- Y usted, ¿qué espera? de Alba Cámara
- *Un minuto de gloria* de Ignacio Nieto
- *En mi piel* de Rodrigo Muñoz

# AGRADECIMIENTOS

A los alumnos de Carro de Baco que nos impulsan a promover proyectos como éste.

A Petri, por creer en un premio de textos teatrales para Santa Coloma de Gramenet.

A todo el jurado que ha dedicado su preciado tiempo para fallar el premio de Carro de Baco.

A los directores, actores y autores que hicieron que algunas de estas piezas vieran la luz en el Teatro Sagarra de Santa Coloma de Gramenet el 22 de septiembre de 2019.

A todos los autores premiados, finalistas y participantes por demostrar que las artes escénicas tienen una larga vida.

# COMO UNA SEMILLA ESPERANDO AGUA

Editar teatro. Inmortalizarlo en el papel. Ese es nuestro afán año tras año. No está de moda, no es rentable, no encuentra adeptos ni mecenas ni demasiados osados que hagan primar la necesidad por encima de los números. Aún con ese panorama tortuoso, donde la hermana despreciada de la literatura llamada dramaturgia yace en la cola de los más olvidados de entre los olvidados, nosotros, a nuestra escala, dejaremos la huella de los autores teatrales sobre el papel, para que alguien, hoy o mañana, lea y decida darle luz escénica. Para que alguno, mañana o pasado, recuerde aquella obra que fue aplaudida en tal momento o desdeñada en tal otro, que ni el éxito es el todo ni el fracaso es el fin. Editaremos para que el *Alzheimer* de las artes escénicas no despinte las cuartillas anotadas con el propósito de recrearse en escena. En el papel, la creación literaria, permanece viva, en latencia, como una semilla esperando agua, tierra y luz. En el papel la obra duerme plácidamente hasta encontrar alguna mano traviesa que la despierte. Pasarán gobernantes por decenas de gobiernos sin advertirlo, porque el teatro escrito no interesa, ni aumenta la notoriedad ni da dinero ni guarda silencio. Pasarán generaciones motivadas por el *fast food* cocinado en las televisiones o las redes, despreciando el lento horneado de la negra tinta sobre la blanca celulosa ¿Qué hubiera sido de *Hamlet*, de *Vania*, de *Lisístrata*, de *Medea* o de *Argán*? ¿Qué hubiera sido de tantos héroes perdidos y de tantos perdedores heroicos? ¿Qué hubiera sido de tanta magia, de tanto talento, de tantos personajes, de tantas situaciones, de tanto teatro si no se hubiera eternizado por una imprenta? Por eso, a contracorriente quizá, desafiando la norma quizá, clavando el aguijón en la garra del censor quizá, editaremos teatro mientras la savia de la estilográfica no pierda su color y espesura. Para que la literatura dramática perdure en el tiempo. Para que se lea, se intercambie, se invente, se proyecte y se ejecute en cualquier rincón del Universo, editaremos. Del papel salieron y al papel fueron tantas imágenes que los ojos se escuecen de emoción al recordarlas: *Hamlet* habla con *Yorick*, *Masha* se aferra a la casaca de *Vershinin*, el grande se quiere comer al pequeño con la ayuda del mediano, *Vladimir* y *Estragón* esperan, *Stockmann* advierte de los peligros del agua del balneario, el enfermo imagina sus dolencias, *Brick* ataca con una muleta a *Margaret*, un asnero reclama la sombra de un burro a un dentista, la señora *Carrar* desentierra los fusiles, un anarquista cae por la ventana, Paulina cree reconocer a su violador, una calva canta una canción, un casamiento se cubre de sangre y tantos mundos que me dejo y tantos otros que quedan por ver vida.

**Germán Madrid**

-   Responsable del proyecto de dramaturgia de Carro de Baco

# INTRODUCCIÓN

*Dramaturgia 19* es el sexto libro de la colección de textos de teatro de Carro de Baco. Colección única en la ciudad de Santa Coloma de Gramenet y con vocación de favorecer la creación y promoción de una corriente de autoría teatral propia.

*Dramaturgia 19* ofrece una herramienta para incentivar la escritura teatral, la lectura y, por supuesto, para fomentar la puesta en escena de textos novedosos, diversos y de calidad.

*Dramaturgia 19* se compone de dos partes diferenciadas:

1. La primera parte engloba las obras galardonadas en el VI Premio de Textos de Teatro Carro de Baco: la ganadora, los dos accésits y un total de nueve menciones especiales que, por su calidad dramática, merecieron ser editadas en opinión del jurado. En esta ocasión se registraron ciento ochenta obras a concurso de dentro y fuera de España. Algunas de estas piezas se llevaron a escena el 22 de septiembre de 2019, en el marco de la entrega de premios del concurso de textos teatrales de Carro de Baco, en el Teatre Sagarra de Santa Coloma.

2. La segunda parte se compone de cuatro piezas de diferentes autores relacionados con la escuela de dramaturgia y dirección de Carro de Baco.

*Dramaturgia 19* continúa madurando y consolidándose en una herramienta que ya empieza a ser muy útil para los que se mueven en el maravilloso mundo de las Artes Escénicas.

## Obra Ganadora

*La sombra* de Miguelángel Flores

## Accésits

*Xocolata* de Àlex Brull

*Condenado* de Tomás Afán

## Menciones especiales

*Ahora vivo aquí* de Lorenzo Ko

*Primer... ¿Amor?* de Adriana María Andivia

*Baby Blue* de Mirza Alejandra Gutiérrez

*Wajtacha* de Luis Miguel González

*Complejo de vida ecológica* de Juan Pablo Goñi

*Soterrado compás* de Andrés Restrepo

*Taxi* de Oscar Esteban

*Anillos* de Oscar Alberto Samoilovich

*Guillotina* de Álvaro Torres

# LA SOMBRA

*De Miguelángel Flores*

*Ganadora del VI Premio de Textos de Teatro Carro de Baco.*

*Estrenada el 22 de septiembre de 2019 en el Teatre Sagarra de Santa Coloma de Gramenet con el siguiente equipo artístico:*

**Dirección...** *Ignacio Nieto*
**Intérpretes...** *Alba Cámara, Marcelo Linares*

# LA SOMBRA

*De Miguelángel Flores*

*(HOMBRE entra y SOMBRA detrás. Sombra va de negro. Entran y salen varias veces. Ella siempre muy cerca de él. Se mueven por el escenario, se paran, vuelven a caminar. De vez en cuando él gira la cabeza para mirarla, ella no disimula, lo mira. Finalmente, se detiene, se gira a ella para preguntarle. Aunque ya está claro que le está persiguiendo)*

**HOMBRE.**— Oiga, ¿Me está usted siguiendo?

**SOMBRA.**— Efectivamente.

**HOMBRE.**— ¿Y me puede decir por qué me está siguiendo desde hace rato?

**SOMBRA.**— ¡Anda!! Pues porque soy su sombra.

**HOMBRE.**— ¿Mi sombra?

**SOMBRA.**— Sí, su sombra. Por eso le persigo.

**HOMBRE.**— Quite, quite, cómo va a ser usted mi sombra.

**SOMBRA.**— Hombre, se lo digo yo, que soy su sombra.

**HOMBRE.**— Y dale, que no es usted mi sombra, mujer. Que las sombras van por el suelo.

**SOMBRA.**— No siempre, porque si usted camina cerca de una pared, la sombra camina a su lado.

**HOMBRE.**— Eso no se lo voy a discutir porque es verdad. Pero, ¿ve usted una pared?

**SOMBRA.**— No sé a dónde quiere ir usted a parar.

**HOMBRE.**— Yo sólo quiero sacarla de su error y demostrarle que no es usted mi sombra. Sólo eso.

**SOMBRA.**— No lo va a conseguir. Yo soy su sombra se lo tome como se lo tome usted.

**HOMBRE.—** Pero si las sombras son planas como si fueran dibujos grises. Pero, ¿no lo ve usted, alma de Dios? *(Pausa)* Y no quiero que se lo tome como algo personal.

**SOMBRA.—** No, personal no, me lo tomo como algo asombroso.

**HOMBRE.—** Mire, yo no tendría problema en que usted fuera mi sombra si de verdad lo fuera, pero es que usted no lo es. Qué más quisiera yo. Porque de silueta usted no está nada mal, la verdad, pero no lo es.

**SOMBRA.—**Vaya, gracias. Usted tampoco está mal de cuerpo.

**HOMBRE.—** Gracias. Oiga, esto no será una excusa que se ha buscado para acercarse a mí, intentar quedar otro día y que luengo vengan muchos más, hasta que me confiese que está perdidamente enamorada de mí, me pida en matrimonio y nos casemos aunque ya no se lleve y llenar nuestra vida hasta ahora monótona de niños, hipoteca y Mercadona y convertirla en una vida igual de monótona pero más cansada, ¿no?

**SOMBRA.—** No.

**HOMBRE.—** Muy bien. Yo es que no me fío ni de mi sombra. Y perdone usted, que no es por faltarle.

**SOMBRA.—** Quédese tranquilo. ¿Caminamos?

**HOMBRE.—** ¿A dónde?

**SOMBRA.—** A donde usted quiera, usted manda.

**HOMBRE.—** No sé, pues… *(se lo piensa)*. Pues voy para allá

**SOMBRA.—** Muy bien, pues tire, tire, que yo le sigo *(camina con ella detrás)*.

**HOMBRE.—** Oiga, ¿y no podría caminar a mi lado? Al menos podríamos ir hablando.

**SOMBRA.—** Uy, no se lo aconsejo.

**HOMBRE.—** ¿Y eso por qué?

**SOMBRA.—** Porque le tomarían por loco. Y por solitario. Si va usted hablando con su sombra por la calle, la gente empezará a mirarle y a sospechar de usted. Imagínese.

**HOMBRE.—** Ya. Pero a mí la gente me la trae al pairo, la verdad. Yo siempre he ido muy a la mía. Soy muy independiente. Yo me digo:

voy para allá, pues voy; haz esto, pues lo hago. Me dicen: ¡córtate el pelo!, pues no me lo corto. Y así todo.

**SOMBRA.—** Sí, está muy bien, pero no es lo mismo ser independiente que estar loco. El mundo respeta mucho a los independientes, aunque les insulte, pero de los locos se ríen hasta más no poder.

**HOMBRE.—** De acuerdo, admitiendo que es usted lo que dice. ¿No debería ser usted masculina como yo?

**SOMBRA.—** ¿Quiere usted decir su sombro?

**HOMBRE.—** Efectivamente, a eso me refiero, un sombro mío.

**SOMBRA.—** ¿Ha visto usted muchos sombros en su vida?

**HOMBRE.—** Jamás.

**SOMBRA.—** Sencillamente porque no existen. Todas somos sombras. El mundo de las sombras es un mundo indefectiblemente femenino.

**HOMBRE.—** *(Pausa)* Está bien, ¿sería usted capaz de afirmar que es mi sombra ante los periodistas?

**SOMBRA.—** ¿De verdad ve usted buena idea convocar una rueda de prensa para decir que su sombra tiene algo que contarles?

**HOMBRE.—** Pero, entonces, ¿por qué me lo cuenta a mí, así, a solas?

**SOMBRA.—** Porque usted si quiere escucharme y me cree. O al menos empieza a hacerlo.

**HOMBRE.—** Ya está. Ahí la he pillado. Sabe que a mí me puede convencer de que es mi sombra, porque soy imbécil, pero al resto de la humanidad no, porque hay de todo.

Por tanto, es que usted no es mi sombra, simplemente es alguien que pasaba y sabía de mi soledad.

**SOMBRA.—** Yo no soy alguien que pasaba, yo soy alguien que le sigue. Y me importa un pimiento su soledad. A mí no me dan pena los solitarios. A mí me dan pena las multitudes, que no hay Dios que una se aclare entre sombras. Si no quiere creerme, no lo haga. Pero deje que yo siga con mi función y ya está. Usted haga lo que tenga que hacer. Vamos, muévase que le sigo.

**HOMBRE.—** Perdone, no quería ofenderla. Es que no sabe lo difícil que es hoy día confiar en cualquiera. Aunque sea tu sombra.

**SOMBRA.—** No se lo niego. Pero póngase usted en mi lugar. Yo solo soy una sombra, sin más, que lo único que pretende es seguirle, seguirle y ya está.

**HOMBRE.—** De acuerdo. Le pido de nuevo disculpas.

**SOMBRA.—** Disculpas aceptadas. Y ahora, si me permite, voy a seguir siguiéndole seguidamente.

**HOMBRE.—** Pero póngase aquí a mi lado, que no me molesta.

**SOMBRA.—** A ver, ¿sabe qué pasa? Que el sol todavía está muy al este. Que esa es otra.

**HOMBRE.—** Ya, le entiendo. ¿Y si me voy para el oeste?

**SOMBRA.—** En todo caso, si usted se moviera hacía el sur o hacia el norte, no le diría yo que no.

**HOMBRE.—** Ah, pues me voy para allá. Si de todas formas, no tengo nada que hacer esta mañana.

*(Se gira hacia el público. Ella se coloca a su lado derecho.)*

**HOMBRE.—** Mujer, ¿ve? Esto ya es otra cosa. Así la puedo ir mirando.

**SOMBRA.—** Es agradable ir así.

**HOMBRE.—** ¿Dónde va a parar?

**SOMBRA.—** Bueno, y ahora ¿qué quiere hacer?

**HOMBRE.—** Pues yo es que ya me tendría que ir para casa.

**SOMBRA.—** Ah, pues vamos. Yo, lo que usted quiera.

**HOMBRE.—** Es que usted, en cuanto entre en el piso, va a desaparecer. Verá, es que en mi casa no asoma el sol ni por asomo.

**SOMBRA.—** Ay, vaya. Bueno, no se preocupe por mí, yo me quedo en la puerta hasta que salga.

**HOMBRE.—** Es que igual ya no salgo hoy.

**SOMBRA.—** Tranquilo. Cuando sea, allí estaré yo para seguirle.

**HOMBRE.—** Pues me sabe mal que me tenga usted que esperar. Pero, claro…

**SOMBRA.—** Nada, nada, no le dé usted más vueltas. Haga lo que tenga que hacer.

**HOMBRE.**— De acuerdo. Bien. Le veo mañana. *(Le da la mano)* Ha sido un placer hablar con usted.

**SOMBRA.**— Esperemos que mañana no esté nublado. Porque si no, no me verá.

**HOMBRE.**— Vaya. Es cierto *(contrariado de pronto)*.

**SOMBRA.**— Pero tire, tire, no se me nuble usted. Eso sí, sepa que aunque no me vea, ahí estoy yo. Si le viene en gana puedes usted bajar la vista y saludarme.

**HOMBRE.**— Lo haré, por supuesto que lo haré. Aunque esté lloviendo, a partir de ahora le sonreiré cada mañana.

*(Él sale y se apaga la luz)*

# XOCOLATA

*De Àlex Brull*

*Accésit del VI Premio de Textos de Teatro Carro de Baco.*

# XOCOLATA

*De Àlex Brull*

*(Un matrimoni jove. A casa. Sona el timbre. És la seva filla, que ve acompanyada)*

**PARE:** Hola, *carinyo,* com estàs?

**MARE:** Hola, bonica! Perquè no avisaves que vindries?

**FILLA:** Hola, molt bé. Volia que fos una sorpresa.

*(Saluden també a la noia que acompanya la seva filla)*

**MARE:** Hola, benvinguda.

**EMMA:** Hola.

**PARE:** Hola. Endavant. No et quedis a la porta.

**MARE:** No siguis tímida.

**EMMA:** Gràcies.

**MARE:** Feia molt que no venies. Ja menges?

**FILLA:** Que sí, mama.

**PARE:** Deixa-la tranquil·la, ja és prou grandeta.

**MARE:** Tu deus ser l'Emma, oi?

**EMMA:** Si.

**MARE:** T'hem vist a les fotos.

**PARE:** Teníem moltes ganes de conèixer-te.

**MARE:** La Sandra ens ha parlat molt de tu.

**FILLA:** No tant, no tant.

**PARE:** A veure si et farà vergonya, a tu, ara!

**MARE:** No tots els dies es coneixen les parelles d'una filla.

**EMMA:** Que en té més d'una?

**FILLA:** Calla, tonta.

**MARE:** No, no vull dir això...

**PARE:** Ja ho sap, ho diu de broma.

**MARE:** Seieu. *(Treu un plat amb xocolata negra i n'ofereix a les noies)* Emma, una mica de xocolata?

**EMMA:** Gràcies.

**FILLA:** Merci.

**EMMA:** Us hem portat una coseta.

**MARE:** Ai, que maques. No calia.

**FILLA:** Jo ja li he dit. Que no calia.

**EMMA:** No siguis *sossa*. Em venia de gust.

**PARE:** Moltes gràcies, Emma.

**MARE:** Què és?

**PARE:** Obre-ho i ho veuràs.

**EMMA:** És una tonteria.

**MARE:** Es que sempre m'impaciento quan he d'obrir un regal.

**EMMA:** És una caixa de xocolata.

**PARE:** Moltes gràcies!

**MARE:** Quin detall. Ens agrada molt la xocolata.

*(La il·lusió del principi, mentre obrien el paquet, sabent que és xocolata, es transforma en una contrarietat violenta que deixa al matrimoni sense paraules)*

**MARE:** Què és això?

**EMMA:** És xocolata.

**FILLA:** Mama, papa. Us he de dir una cosa.

*(Silenci)*

**FILLA:** M'agrada la xocolata blanca.

*(Silenci)*

**PARE:** Però què dius?

**FILLA:** Ja fa temps que m'agrada. No m'atrevia a dir-vos-ho.

**PARE:** No pot ser.

**FILLA:** Papa...

**PARE:** Com goses portar això a casa meva?

**FILLA:** Només és xocolata...

**MARE:** Ni t'atreveixis a dir-ho! La xocolata és negra. De tota la vida.

**FILLA:** Es tracta de xocolata. És el mateix.

**PARE:** No és el mateix! La xocolata blanca és de desviats!

**FILLA:** Però com pots dir això? Hi ha molts tipus de xocolata però això no vol dir que t'hagin d'agradar totes. Entenc perfectament que només us agradi la xocolata negra, així us van educar i és el que heu menjat tota la vida. No us demano que mengeu xocolata blanca, però sí que entengueu que hi ha gent a qui li pot agradar.

**EMMA:** I també m'agrada la xocolata amb avellanes.

**MARE:** Ai, Déu meu!

**EMMA:** I la xocolata amb ametlles.

**MARE:** No pot ser...

**EMMA:** I no només amb fruïts secs. També la xocolata amb taronja amarga o confitada...

**PARE:** Val...

**EMMA:** ...amb menta...

**PARE:** ...ja n'hi ha prou...

**EMMA:** ...amb traces de coco...

**PARE:** ...heu vingut a provocar. Ja ho veig.

**EMMA:** ...amb nabius...

**FILLA:** No es tracta de provocar. Davant vostre hi ha un ventall de possibilitats que us negueu a reconèixer.

**MARE:** Mai de la vida podria menjar xocolata blanca o... aquestes porqueries que dieu.

**FILLA:** És que ningú et diu que les hagis de menjar, però sí que has de normalitzar el fet que existeixin i que hi hagi gent que se senti orgullosa de menjar-ne.

**PARE:** Ja havia de sortir l'orgull! Jo no tinc perquè veure riuades de gent menjant aquestes porqueries pel carrer. Jo la xocolata me la menjo a casa i ningú n'ha de fer res de com me la menjo ni de quan me la menjo.

**FILLA:** Precisament per això. Jo també vull menjar la xocolata que vulgui, on i quan vulgui. Sense haver-me d'amagar. El fet que es demonitzin les altres xocolates fa que sortim a mostrar al món que existeixen, i que no son ni millors ni pitjors que la xocolata que vosaltres mengeu.

**EMMA:** Cadascú hauria de poder regalar-se, al paladar, el plaer que més li agradi.

**PARE:** Penso que hauríeu d'anar a un dietista perquè us orientés millor. O al nutricionista, que esteu malaltes!

**MARE:** Mira, filla, jo no estic preparada per això. Podria arribar a entendre que sentissis curiositat i volguessis experimentar però... no sé... necessito temps.

**FILLA:** Mama, entenc que és un xoc per vosaltres però, creieu-me, no té res de dolent.

**EMMA:** La varietat ens fa felices.

**PARE:** Va, va, sisplau. Han sigut massa emocions juntes per avui. Serà millor que marxeu.

**MARE:** En parlem un altre dia.

**FILLA:** L'important és que en puguem parlar.

**PARE:** I emporteu-vos això d'aquí. *(Assenyalant la xocolata blanca)*

**FILLA:** Gràcies, mama. *(Li fa un petó)* Papa. Fins aviat. *(marxen)*

*(Fosc)*

# CONDENADO

*De Tomás Afán*

*Accésit del VI Premio de Textos de Teatro Carro de Baco.*

# CONDENADO

*De Tomás Afán*

(En escena un hombre, junto a una ventana, visiblemente alterado, abrazado a unos papeles. Se escuchan golpes en la puerta)

HOMBRE: Lárguese. No voy a abrir.

VOZ (Desde fuera de escena): ¡No me obligue a echar la puerta abajo!

(El hombre trata de abrir su ventana pero con el nerviosismo no acierta)

HOMBRE: Déjenme en paz.

(Se escucha un aparatoso crujido, como de puerta forzada)

HOMBRE: ¡Mierda!

(El hombre acierta al fin a abrir la ventana)

RECIÉN LLEGADO: (Irrumpiendo) No lo haga. Vengo a impedirlo.

HOMBRE: Salga de mi casa.

RECIÉN LLEGADO: Nos han llamado por teléfono

HOMBRE: ¿Un chivatazo?

RECIÉN LLEGADO: Todavía queda gente decente en el mundo.

HOMBRE: Ah. ¿Eso cree?

RECIÉN LLEGADO: ¿Usted no?

HOMBRE: Oiga, no necesito que me eche un sermón.

RECIÉN LLEGADO: Yo no pretendo…

HOMBRE: Usted no sabe nada de mí. Ni de otras personas, que son como yo. Y que aparecen estos días en los medios de comunicación. Y que son el blanco de todas las críticas.

RECIÉN LLEGADO: Yo no soy juez, ni periodista.

HOMBRE: ¿Quién es usted?

RECIÉN LLEGADO: Vengo a ayudarle. Soy policía.

HOMBRE: ¿Sin uniforme?

POLICÍA: Soy de la secreta, aunque no estoy de servicio. Pero, tengo vocación de servicio público. Por eso siempre llevo la radio del cuerpo encendida en el coche. Acababa de dejar a la niña en rehabilitación, (con los recortes, ya no la llevan en ambulancia, ¿sabe?), y justamente pasaba muy cerca cuando estaban notificando lo suyo a través del receptor y no me lo he pensado dos veces, he colocado la sirena en el capó. (Llevo una en mi coche particular, por si las moscas)

HOMBRE: Le he escuchado. Sabía que venían a por mí.

POLICÍA: Y he dejado el coche justo debajo. Mal aparcado, por cierto.

HOMBRE: Pues por aquí pasa mucho la grúa.

POLICÍA: No joda. ¿Puedo echar un vistazo por la ventana...?

HOMBRE: Ni se le ocurra acercarse.

POLICÍA: ¡Perdone! Tranquilícese.

HOMBRE: Mantenga las distancias.

POLICÍA: Lo siento, ha sido una torpeza por mi parte. Es por el coche, tengo problemas de liquidez y ahora una multa es lo último que necesito. Podría usted echar una miradilla...

HOMBRE: De acuerdo.

POLICÍA: Pero sin acercarse tanto.

HOMBRE: Entonces no veo nada, joder.

POLICÍA: Déjelo, déjelo.

HOMBRE: A ver, en qué quedamos.

POLICÍA: El deber es lo primero. Así que, centrémonos en su problema.

HOMBRE: No es mi problema, señor, no se confunda. Es el problema de toda la sociedad. Yo no soy un caso aislado.

POLICÍA: Lo sé. A todas horas tenemos avisos de este tipo. Es un horror.

HOMBRE: ¿Ah sí? Le parezco una especie de monstruo. ¿Verdad? Toda la sociedad está ahora muy concienciada con la ética. Cuánto compromiso. Qué limpios y qué honrados somos todos de pronto. Menos yo. El condenado.

POLICÍA: No se altere.

HOMBRE: Estamos fuera de contexto. ¿No se dan ustedes cuenta? Vivíamos unos tiempos en los que el dinero fluía. A chorros. Y a los que estábamos cerca, nos salpicaba. Era inevitable.

POLICÍA: Claro, claro. Acérquese y siga contándome.

HOMBRE: Yo no soy una mala persona. Todo lo contrario. Ha sido por mi familia. Por mi esposa. Por mis hijos. El pequeño es discapacitado. Al principio, cuando nació, fue un pequeño trauma, pero ahora no lo cambiaríamos por el niño más perfecto del mundo. El problema es que requiere unos gastos altísimos para poder educarle en un contexto lo más normalizado posible.

POLICÍA: (Dando un paso hacia su interlocutor) No soy quién para juzgarle, pero quién más y quién menos todos tenemos nuestros problemas.

HOMBRE: (Apoyándose en el marco de la ventana) Quieto. Se lo advierto. No pienso ponérselo fácil. Van a tener que sudar para recomponer los fragmentos.

POLICÍA: No exagere. No hay tanta altura.

(El HOMBRE gira, desafiante, su cuerpo hacia el umbral)

POLICÍA: Alto ahí. Por favor. No lo haga.

HOMBRE: Déjeme en paz.

POLICÍA: (Tratando de captar su atención) Yo, en el fondo le comprendo.

HOMBRE: (Casi aproximándose hacia el agente) Ajá. Es lo que yo digo. Somos el reflejo de nuestra sociedad. Usted ha cometido fraude alguna vez. Confiéselo.

POLICÍA: No hombre. Eso no.

HOMBRE: (Volviendo al umbral, molesto) No se puede razonar con mentirosos.

POLICÍA: Está bien. Está bien. Confieso que... tengo una cuenta...

HOMBRE: ¿En Suiza?

POLICÍA: No, en el bar que hay cerca de casa. Tengo cuenta abierta. Y a cambio falsifico las dietas. No mucho, porque no hay margen. Pero... algo sí...

HOMBRE: Claro. Eso es. La cantidad es lo de menos. Cada uno se lo monta en la medida de sus posibilidades, pero está en nuestros genes. Eso es lo que quiero que entienda.

POLICÍA: Yo le entiendo, si usted quiere que le entienda, pero venga usted conmigo y lo hablamos más serenamente en…

HOMBRE: Ni hablar. Yo de aquí no me muevo…

POLICÍA: Entonces tendré que…

HOMBRE: (Con visibles síntomas de mareo, se tiene que apoyar en la ventana, dando muestras de precario equilibrio) Dios…

POLICÍA: ¿Qué le pasa?

HOMBRE: Esto acabará en los medios de comunicación. Seguro.

POLICÍA: Bueno, hombre. Espere.

HOMBRE: Lo sé. Acabaré siendo la portada de todos los periódicos de mañana.

POLICÍA: Ni hablar. ¿No se ha enterado? Acaba de dimitir el entrenador del Madrid. Están todos los medios en la Ciudad Deportiva. Nadie está informado de lo suyo. Si lo que busca es notoriedad, ha elegido el día equivocado. Así que déjese de historias. O aplácelo para otro día. Venga conmigo.

HOMBRE: ¿Se ha vuelto loco? ¿Cómo iba a buscar semejante notoriedad?

POLICÍA: Es lo que muchos persiguen en su caso.

HOMBRE: No le entiendo. Y esta conversación es absurda. No voy a perder más el tiempo con usted.

POLICÍA: Espere. Piénselo.

HOMBRE: (Abre la ventana de par en par) No hay nada que pensar. Sé que es un poco arriesgado, pero se me ha atascado la destructora de documentos al someterla a un sobreesfuerzo tan brutal, y no me queda más salida que esta.

(El hombre lanza los documentos, que tenía fuertemente asidos durante todo el tiempo, por la ventana)

POLICÍA: Pero…

HOMBRE: Confío en que con este viento volarán bien lejos.

POLICÍA: ¿Cómo?

(Se escucha un ruido brutal. Un terrible golpe)

HOMBRE: (Mirando, hacia abajo, por la ventana) Joder. Se ha tirado uno.

POLICÍA: (Asomado, también) Mierda. En todo el capo.

HOMBRE: ¡Dios mío, cuánta sangre! Debe ser el vecino de arriba, el tipo insolvente al que iban a embargar. Ha tomado el camino fácil. La verdad es que soy incapaz de comprender a los suicidas.

POLICÍA: No entiendo nada.

HOMBRE: (Mirando, por la ventana, hacia arriba) Sí, es el del ático. Hay cristales rotos.

POLICÍA: Un momento. ¿Esto no es el ático?

HOMBRE: No. Este es el quinto, para subir al ático hay unas escaleras detrás del ascensor que...

POLICÍA: ¡Mierda! ¡Mierda! ¡Mierda!

(Se marcha súbitamente el agente. Queda el hombre, solo, mirando por la ventana, con las manos en la cabeza. OSCURO Y TELÓN)

# AHORA VIVO AQUÍ

*De Lorenzo Ko*

*Mención especial del VI Premio de Textos de Teatro Carro de Baco.*

# AHORA VIVO AQUÍ

*De Lorenzo Ko*

*A Margarita Reiz, gracias*

*El signo (/) indica que la intervención es interrumpida por la frase siguiente.*

FILÓNIGE—. Tras la puerta juega al escondite mi hogar, mi vida, una persona. Mi abrigo es mi vida, mi abrigo es ella, mi hogar es mi abrigo... mi hogar es ella y también mi sustento: mi perchero es ella y ella es mi vida.
Era. Era mi vida.
Lo cotidiano se me atora en el crujir del pecho en las bisagras.
(*Entra*) Me ha dejado un *post-it* pegado en el espejo antes de morir: *«La luz de mi cuarto se ha fundido. No llego a cambiarla yo sola»*. Su letra es tan grande y torpe como la de un elefante, su cuerpo es pequeño y libre como el de una mariposa.
(*Se ve reflejado en el espejo, tras el post-it*) Vaya... tengo más ojeras que sueño. ¿Cuánto llevo sin dormir siquiera cuatro horas seguidas? Aura murió el sábado, han pasado casi cinco días.
En esta nota... en esta nota pervive la estática suspensión del fin de todas las cosas; en ella Aura sigue viva. Al leerla sé que llegará a casa como una nube, con su mochila en los hombros, vestida con el uniforme del colegio, con sus trencitas recogidas en dos lazos de colores. Dejará las llaves y la mochila encima del aparador y correrá a regar las flores.
(*Recuerda a qué ha venido*) Tengo que regar las plantas de mamá.

Las ventanas aún están cerradas a cal y canto. La noche se ha quedado concentrada en estas habitaciones. Me toca a mí dejar que la esencia de Aura se nos escape, convidar de nuevo a la luz a entrar en esta casa. Más allá de las persianas, papá ya no está solo en el cielo y mamá llora en mi hombro.

Es irónico, pero duelen más los vivos que los muertos.

*(Levanta las persianas)* Las plantas están mustias... Mamá hará como que no tiene importancia para que no me preocupe, me acariciará la cara cuando se lo cuente, sonreirá, pero sé que para ella estas hojas, antes verdes, son toda una metáfora. Me jode más que haga como que no le duele que si se pusiese a llorar desgarrándose las vestiduras.

¿Soy un cobarde por querer dormir con ella hoy? Debo serlo.

Me gustaría recuperar esas noches en que llamaba para decirle que iba a dormir con un amigo y, en vez de elegir el sexo, dejarme convencer por sus pucheros, volver para ver una peli juntos o leerle un libro.

Antepuse un hombre bonito al amor fraterno. ¿Todo para qué? ¿Dónde están ahora Diego, Pablo, Álex, Javi...? Importan tan poco que... tan poco que están casi tan muertos como Aura.

Los domingos íbamos por la mañana al parque. Aunque hubiese salido de fiesta, aunque hubiese acabado en otra cama, a las doce salíamos juntos por la puerta de casa. Yo llevaba siempre un libro para sentarme en el banco, bajo los almendros, y ver cómo te tirabas en tobogán o jugabas con los otros niños. Casi nunca leía. Me gustaba verte jugar. ¡Aún recuerdo esa vez en que bebiste mal de la fuente y el agua se te metió en la nariz! Lo pasaste tan mal que tuvimos que irnos, te compré un helado en el quiosco y nos sentamos en el césped junto al río. Ahí te conté quién era Moisés y lo mucho que me gustaba. Te enseñé sus fotos a cambio de que no le contases nada a mamá.

*(Rescata una fotografía de algún marco)* ¡Qué guapa estás en esa foto, jodía! Mamá casi parece feliz contigo a hombros. Mamá feliz. Mamá... ¿feliz?

Qué difícil ha sido siempre juntar esas dos palabras. Ahora, incluso, más.

¡No tiembles! ¡Fijo que nos vemos pronto! Fijo que te abrazo, etéreo de alma, para tenerte más cerca que nunca. Te haré cosquillas en los pies fantasmas, mi ángel, para que rías la muerte y no tengas miedo. Te soplaré en la boca para cortarte los bostezos y que no haya niebla.

*(Pausa extendida)* Cierro los ojos de ganas de verte.

*(La luz vacila)*

AURA—. No estés triste, tato.

FILÓNIGE—. ¿Quieres que te cuente un cuento?

AURA—. No, ya es tarde.

FILÓNIGE—. ¿No tienes frío?

AURA—. No, no tengo.

FILÓNIGE—. ¿Y hambre? Tienes que tener hambre. Puedo hacerte un bocadillo de nocilla.

*(Pausa).*

Lo siento. Es la costumbre.

No soy capaz de /

AURA—. ¿Dónde está mamá?

FILÓNIGE—. Duerme en casa de la tía Amparo.

AURA—. ¿Y tu nuevo novio?

FILÓNIGE—. Eso ahora no importa.

AURA—. No me gusta verte triste…

FILÓNIGE—. ¡No lo estoy, peque! ¡Estoy muy contento de verte!

AURA—. ¡Te va a crecer la nariz!

FILÓNIGE—. *(Pausa)* Tengo muchas ganas de decir palabrotas.

AURA—. Tienes heridas en la mano.

FILÓNIGE—. Le he pegado a la pared.

AURA—. ¡Qué tonto!

FILÓNIGE—. *(Pausa)* ¿Por qué lo hiciste?

AURA—. Los otros niños eran malos. *(La luz palpita)*

FILÓNIGE—. ¿Puedes abrazarme?

AURA—. Creo que no *(La luz vibra)*. Ahora atravieso las cosas.

FILÓNIGE—. No… no importa.

AURA—. ¿Te acuerdas de mí?

FILÓNIGE—. ¡Muchísimo! Todas las noches, todos los días, a todas horas.

AURA—. Me da miedo que no te acuerdes.

FILÓNIGE—. Eso no va a pasar. Te lo prometo.

AURA—. Eres un ancla, tato.

FILÓNIGE—. *(Ríe, triste, de su propio chiste)* ¿Por pesado?

AURA—. ¡No! Porque gracias a ti no me voy.

FILÓNIGE—. Quiero irme contigo.

AURA—. No puedes: va a empezar la primavera.

FILÓNIGE—. No quiero más flores. Las plantas de mamá se han muerto.

AURA—. ¡Pero tienes que coger unas nuevas! Cuando se las regales a mamá por su cumple, pon más de las que le ponemos siempre. ¡Haz un ramo enorme! Seguro que así se le encienden las mejillas y sonríe.

FILÓNIGE—. Sí. Seguro que sí.

AURA—. ¡Y llama a tu nuevo novio! Era tan guapo... Pero aféitate antes. ¡Estás muy feo!

FILÓNIGE—. ¿No te gusta?

AURA—. No, no, no. ¡Estás muy feo!

FILÓNIGE—. Lo haré.

AURA—. Yo también te quiero mucho, tato.

Yo lo sé, aunque tú no llegues a decirlo nunca.

FILÓNIGE—. Yo / *(La luz desfallece por un instante)*

No entendía que / *(La luz se desmaya de nuevo. Ella se ha desvanecido)*

¡Joder!

*(Pausa prolongada. Quizá suene un piano en intervalos de cuarta.* FILÓNIGE *coge su teléfono móvil y marca un número)*

¿Moisés? Hola, guapo... Bien, sí, mejor. Siento haber desaparecido. Soy un gilipollas. No, no, me disculpo porque lo siento de verdad. Oye... sí, he pensado que igual... oh, ¡Dios, sí! ¡Gracias! No, no me apetece: me aterra salir de nuevo, ahora que he vuelto a casa. ¿De verdad no te importa? Puedo pedir unas pizzas. ¡Sí! Vale, dame... ¿una hora?. Necesito darme una ducha y afeitarme. Sí, sí, voy a afeitarme. *(Ríe)*. ¡Idiota…! Vale, vale, hasta entonces. Y yo, yo a ti también. Otro para ti. Chao. Chao.

*(Las luces titilan y Aura corre, juega por la estancia, saltando sobre los sofás, pasando por debajo de la mesa, Filónige no es capaz de verla. Oscuro.)*

# PRIMER... ¿AMOR?

*De Adriana María Andivia.*

*Mención especial del VI Premio de Textos de Teatro Carro de Baco.*

# PRIMER... ¿AMOR?

*De Adriana María Andivia*

**PERSONAJES**
SOFÍA
MIRIAM
JULIA
ESTEBAN
MANU
ARDIENTES ENAMORADOS
CAMARERA
CLIENTES DE LA CAFETERÍA

*La acción se sitúa en una cafetería del centro de una gran ciudad. A la derecha del público está el mostrador y a la izquierda la puerta de entrada y salida al local.*

## PRIMER Y ÚNICO ACTO

*(Al levantarse el telón, la escena muestra la algarabía propia de cualquier cafetería a la hora del desayuno. En el centro de la misma, SOFÍA, MIRIAM y JULIA están sentadas a una mesa. SOFÍA ocupa el lugar del centro, de cara al público, mientras que MIRIAM, la más joven de las tres, y JULIA se sientan a su derecha e izquierda respectivamente. Una pareja de adolescentes se levanta de una de las mesas del fondo y, sin dejar de hacerse arrumacos, atraviesa la sala pasando delante de las tres amigas. Luego salen de la escena).*

JULIA. —Míralos *(observando arrobada el lugar por el que ha desaparecido la acaramelada pareja).* ¿No os dan envidia?

MIRIAM. —A mí lo que me dan es asco. Menudo par de babosos. Qué se busquen un hotel.

SOFÍA. —Mujer, tampoco hay que ser así. Están enamorados, es bonito.

MIRIAM. —Enamorados y salidos como esquinas.

*(ESTEBAN y MANU entran en la cafetería riendo).*

ESTEBAN. —*(Señalando la puerta por la que acaba de entrar)* ¿Los has visto? Menudo calentón llevan.

MANU. —Normal, a esa edad todo son hormonas.

*(Ambos caminan hasta la barra y se acodan en ella, indicando por gestos a la camarera que faena allí que los atienda).*

JULIA. —Pues a mí me dan envidia. Hace tanto tiempo que no tengo pareja que ya ni me acuerdo.

SOFÍA. —Será que tienes mala memoria. Hay cosas que no se olvidan así como así.

MIRIAM. —Mala memoria o una vida amorosa muy rica.

JULIA. —*(A SOFÍA).* ¿Tú te acuerdas de todo?

SOFÍA. —De todo y de todos. Hasta de mi primer amor, para que te hagas una idea.

JULIA. —Pues fíjate, de ese también me acuerdo yo. Y mira que me gustaría olvidarlo.

MIRIAM. —Natural.

JULIA. —Pero cuenta, mujer de la gran memoria. Que, por la cara que pones, cualquiera diría que eres la excepción a la regla y ese primer amor tuyo fue memorable.

MIRIAM. —No me digáis que vais a empezar con las batallitas de abuela.

JULIA. —*(Propina un manotazo sobre la mesa a MIRIAM. Luego se dirige a SOFÍA).* No le hagas caso a la milenial; representa a una generación deshumanizada.

ESTEBAN. —¡Ah! ¡Aquellos tiempos! La verdad es que los echo de menos.

MANU. —La adolescencia es la edad dorada. Dejando de lado el acné, todo son ventajas.

ESTEBAN. —Sin obligaciones…

MANU. —Podía pasarme las horas jugando al baloncesto y seguía tan fresco como una lechuga. Ahora me dan tirones en la espalda si no tengo cuidado al desperezarme.

ESTEBAN. —Lo único que me preocupaba era follar.

MANU. —Siempre has sido un poeta, Esteban; siempre.

SOFÍA. —Se llamaba Esteban. ¡Era tan romántico!

MIRIAM. —¡Ay, Sofía! De verdad...

ESTEBAN. —Se llamaba... ¿Sara? ¿O, Sonia?... ¡Sofía! Eso es. Se llamaba Sofía.

MANU. —¿Quién? ¿La primera tía que engañaste para que se metiera en tu cama?

ESTEBAN. —Menudo trabajo me costó, era una estrecha de cuidado.

SOFÍA. —Fue muy paciente conmigo. No como esos chicos que intenta meterte mano a la más mínima.

ESTEBAN. —Pero valió la pena. Tenía unos melones que parecían balones de playa. Me encantaban.

SOFÍA. —Lo que más le gustaba de mí eran mis manos. Se pasaba horas acariciándolas. Hasta les escribió un poema.

MIRIAM. —¿Qué opinaría Freud de esa fijación?

ESTEBAN. —Me lo curré bien. Le escribí hasta un poema.

MANU. —Lo que yo te digo *(señala el pecho de ESTEBAN* con un dedo); ahí dentro tienes a un literato nato.

ESTEBAN. —En realidad, lo copié de un libro. Pero, lo modifiqué un montón.

MANU. —También hace falta creatividad para eso.

ESTEBAN. —¿Verdad que sí?

SOFÍA. —Fue tan bonito. La verdad es que no he vuelto a tener una relación como aquella. Tan emotiva, tan... pura.

JULIA. —El primer amor. Por eso dicen que nunca se olvida.

MIRIAM. —¡Hala! A tope con el cliché ¿Queréis la sacarina? *(Coge un sobrecito de encima de la mesa y se lo muestra a SOFÍA y MIRIAM).* Ya no la necesito para endulzar el café.

MANU. —Lo que me sorprende es que todavía te acuerdes de ella. No te hacía tan sentimental.

ESTEBAN. —Pues claro, hombre. ¿Cómo no iba a acordarme? Ya te he contado lo difícil que me lo puso para bajarle las bragas.

MIRIAM. —De acuerdo, está bien. Vamos a suponer que fue el cuento de hadas que tú crees. ¿Por qué rompisteis, entonces?

JULIA. —Yo no lo habría dejado escapar. Los tíos sensibles no abundan.

SOFÍA. —Porque éramos dos críos.

ESTEBAN. —Y quitármela de en medio. Eso también me costó Dios y ayuda.

SOFÍA. —Ninguno de los dos estaba maduro. Y, además, a su padre lo trasladaron a otra ciudad. No tuvimos más remedio que decirnos adiós. ¡Lo que lloramos esa tarde!

ESTEBAN. —Me tuve que inventar que me iba a otra ciudad por el trabajo de mi padre.

MANU. —*(Riendo).* ¡Qué cabrón eres!

ESTEBAN. —Me pasé todo el año siguiente, hasta que entré la universidad, temiendo toparme con ella.

MANU. —¿Es que erais del mismo barrio?

ESTEBAN. —No, que va; pero esta ciudad es mucho más pequeña de lo que parece cuando huyes de alguien.

MIRIAM. —Pues vaya mierda de amor, que no fue capaz de sobrevivir a la distancia.

SOFÍA. —Oye, guapa, que eran otros tiempos. No teníamos ni móvil ni Facebook.

JULIA. —¿Qué crees que habría pasado si hubieseis seguido en contacto?

SOFÍA. —*(Pensativa).* Pues no lo sé. Pero, probablemente, habríamos seguido saliendo. Puede, que hasta nos hubiésemos casado.

MANU. —¿Qué habrías hecho si te llega a pillar en el embuste?

ESTEBAN. —No me lo quiero imaginar, la tía era del tipo lapa. Una cursi chapada a la antigua. Seguramente, ya no me la habría podido quitar de encima.

*(ESTEBAN y MANU terminan su café y con gestos piden a la camarera que les cobre la consumición).*

MIRIAM. —Pues menos mal que te dejó. Imagínate lo aburrida que vivirías ahora, ya casada y todo.

JULIA. —*(A SOFÍA)* ¿Ves? Tanta comunicación online les ha extirpado la emotividad de cuajo. La juventud de hoy no sabe relacionarse como humanos. Lo más parecido al amor que son capaces de experimentar es lo que sienten al ver el último modelo de móvil en el mercado.

SOFÍA. —Todavía fantaseo, a veces, con volvérmelo a encontrar.

MIRIAM. —Cómo si lo fueras a reconocer. Ya será un cuarentón, calvo y barrigón, que no puede abrocharse el cinturón.

JULIA. —Han pasado muchos años.

SOFÍA. —Lo sé, pero…, la química de entonces; lo que sentíamos… Eso seguro que sigue estando ahí. Estoy segura que, si me lo encuentro ahora, sabría que es él por mucho que haya cambiado. Lo sentiría.

MIRIAM. —¡Ay! ¡Por Dios!

*(ESTEBAN y MANU se apartan de la barra y van camino a la puerta).*

MANU. —¿Te imaginas que te la encuentras ahora?

ESTEBAN. —Imposible, la tengo bien fichada.

MANU. —¿Estás seguro?

ESTEBAN. —En serio, la reconocería a la legua. Esas tetas eran inolvidables.

*(Al pasar al lado de la mesa que ocupan SOFÍA, MIRIAM y JULIA, ESTEBAN, accidentalmente, tira al suelo el bolso de SOFÍA, que cuelga del respaldo de la silla que esta ocupa. ESTEBAN se agacha para cogerlo, SOFÍA también se inclina de lado en su asiento. Los dos se miran un momento.*

ESTEBAN. —Lo siento *(le entrega el bolso)*

SOFÍA. —*(Cogiéndolo)* No pasa nada.

*(ESTEBAN sigue su camino acompañado por MANU, mientras SOFÍA, MIRIAM y JULIA apuran la hora del desayuno antes de regresar al trabajo)*

# BABY BLUE

*De Mirza Alejandra Gutiérrez*

*Mención especial del VI Premio de Textos de Teatro Carro de Baco.*

# BABY BLUE

*De Mirza Alejandra Gutiérrez*

*Suena* Mayores *de Becky G. ANGIE de 15 años, y FRANCISCO de 47, están solos en una habitación. Las paredes se ven desgastadas y el colchón está un poco roído. La habitación entera necesita una renovación. ANGIE lleva ropa acorde a su edad. FRANCISCO también.*
*FRANCISCO lleva una bolsa de supermercado. No lleva comida dentro.*

ANGIE.- Hola, Fran.

FRANCISCO.- Te he traído otro regalo.

*Silencio.*

FRANCISCO.- Quiero que te lo pongas hoy. *(Le entrega la bolsa)*

ANGIE.- Okay. *(Deja la bolsa en el suelo)*

FRANCISCO.- ¿No la abres?

ANGIE.- No... *(Mira a Francisco)* lo sé.

FRANCISCO.- Ábrela. *(Silencio)* ¿Qué te pasa? ¿Estás pensando en volver a escaparte?

*ANGIE comienza a vaciar la bolsa, visiblemente enfadada, pero con una sonrisa falsa. Saca un vestido de lolita, un cinturón, calcetines largos, coleteros de colores y lacitos para el pelo.*

FRANCISCO.- ¿Te gusta el vestido? Es color *baby blue*... te va bien, ya lo sabes... con tu color.

ANGIE.- *(Muy seca)* Gracias.

FRANCISCO.- ¿A qué esperas para probártelo? Venga...

*ANGIE comienza a desvestirse. FRANCISCO le coge el cabello e intenta peinarla con dos coletas. ANGIE le quita las manos y lo hace ella misma.*

*FRANCISCO la maquilla con mucho colorete y acentuando rasgos aniñados. ANGIE intenta detenerlo.*

ANGIE.- Espera…

FRANCISCO.- Venga, venga, vístete. Luego me dices.

ANGIE.- Fran…

FRANCISCO.- Ponte la ropa, anda, que tú eres mi muñequita personal.

*ANGIE se queda mirándolo.*

FRANCISCO.- ¿Te cambias ya?

ANGIE.- Pero…

FRANCISCO.- ¿No vas a complacer a tu tito Fran?

ANGIE.- Sí…

FRANCISCO.- ¿No te he dicho ya que calladita te ves más bonita?

*ANGIE se desviste lentamente. FRANCISCO se sienta a observarla.*

ANGIE.- *(Sigue sin haberse terminado de vestir)* ¿Por qué no probamos algo nuevo hoy?

FRANCISCO.- ¿Por qué no cierras la boca y haces lo que te estoy pidiendo?

ANGIE.- No quiero.

FRANCISCO.- ¿Y? ¿Quién eres tú para decidir qué quieres?

*ANGIE no se mueve.*

FRANCISCO.- ¿Quieres que llame a tus padres?

*ANGIE se viste, también lentamente, con la ropa que le ha dado FRANCISCO.*

FRANCISCO.- Da una vuelta. Déjame verte.

ANGIE.- No me apetece hoy…

FRANCISCO.- Que pesada estas hoy, ¿no?

ANGIE.- Sólo digo que…

FRANCISCO.- Nada, tú no dices nada. Tú das una vuelta para que yo pueda verte.

*ANGIE da una vuelta.*

*FRANCISCO se acerca a ella y comienza a acariciarla. Ella se aparta.*

FRANCISCO.- ¿No complaces al tito Fran? ¿No te quieres montar a caballo? Como cuando eras más pequeña. *(Se pone a cuatro patas para que ANGIE se siente encima).*

*ANGIE no se mueve. Ni lo mira.*

FRANCISCO.- Te veo sucia hoy… ¿Te has duchado? *(La toca con asco)* Así nadie te va a querer tocar nuca.

*ANGIE no responde. No deja de mirar al suelo.*

FRANCISCO.- Así me gusta.

*FRANCISCO moja una toalla y comienza a limpiar a ANGIE muy lentamente. Se pone de rodillas para coger algo de la bolsa. ANGIE se quita el cinturón y, antes de que FRANCISCO se pueda poner de pie, empieza a ahorcarlo con este. FRANCISCO intenta quitársela de encima, pero no lo logra. Pronto deja de luchar. ANGIE comprueba sus signos vitales. FRANCISCO sigue sin responder. ANGIE se vuelve a poner su ropa. Sale.*

*Oscuro.*

# WAJTACHA

*De Luis Miguel González*

*Mención especial del VI Premio de Textos de Teatro Carro de Baco.*

# WAJTACHA

*De Luis Miguel González*

**SONIA:** Dicen que lo han metido a un auto llorando a mi hijito y le han dirigido a la mina, el viernes mismo, en la tarde mismo.

**SINDICALISTA:** Estamos buscando por todas partes.

**SONIA:** En la mina.

**SINDICALISTA:** Sí, Sonia, ya me dijeron. Estamos todos buscando al niño. Ya hablamos con el patrón y se lo exigimos. Buscaremos al niño toda la semana. Hay muchos secuestradores por todas pares. Si los encontramos les aplicaremos la ley comunaria, le diremos al jilakata y los colgamos en el sitio.

**SONIA:** Busquen en la mina.

**SINDICALISTA:** Igualmente hemos exigido a los patrones que lo contraten a su marido todo el año en la mina. Por los disgustos.

**SONIA:** Busquen en la mina y desentiérrenlo.

**SINDICALISTA:** ¿Por qué en la mina? En cualquier sitio puede estar.

**SONIA:** En la mina lo han sacrificado y allí mismo lo han enterrado.

**SINDICALISTA:** ¿Por qué piensas en eso, Sonia?

**SONIA:** El tío lo llamó. Allí lo han enterrado. En la mina. Tú eres del sindicato. Dame a mi hijo.

**SINDICALISTA:** Aún podemos encontrarlo con vida. Hay que moverse rápido.

**SONIA:** Díselo al sindicato. Dile que me devuelva su cuerpo.

**SINDICALISTA:** Buscaremos su cuerpo por todas partes.

**SONIA:** No busquéis donde no está. Y no está entre los vivos. No os denunciaré. Me habéis matado a mi hijito, pero no denunciaré. Si el tío lo dijo, nadie puede llevar la contraria al tío. Pero tú eres del sindicato. Sólo quiero el cuerpo. Quitádselo al tío, soy el sindicato. Quitádselo y dádmelo a mí. A su madre. A su padre. A su familia.

**SINDICALISTA:** Eso yo no puedo hacerlo.

**SONIA:** Llevaba gorra camuflada, una chompa azul y pantalón beige.

**SINDICALISTA:** Sonia, eso no se puede.

**SONIA:** Hicieron wajtacha con él.

**SINDICALISTA:** Sonia, wajtacha ya no se hace. Wajtacha está prohibido.

**SONIA:** Dame su cuerpo. No denunciaré.

**SINDICALISTA:** Sonia. El sindicato no tiene nada que ver.

**SONIA:** ¿También teméis al tío?

**SINDICALISTA:** El sindicato no tiene nada que ver con el tío.

**SONIA:** Los mineros tienen que ver con el tío.

**SINDICALISTA:** Sonia.

**SONIA:** Los mineros están en el sindicato.

**SINDICALISTA:** Nosotros no creemos en Dios y en el diablo tampoco.

**SONIA:** Lo robaron en la plaza, lo subieron a un auto y lo llevaron a la mina para ofrecérselo al tío.

**SINDICALISTA:** Sonia, yo te comprendo, pero nosotros no podemos.

**SONIA:** Para que la mina dé más oro. Para eso se lo llevaron los hombres. Para ganar más oro. El tío les dará oro. Yo no quiero el oro, no quiero denunciar, sólo quiero el cuerpo. Tú eres del sindicato, dame el cuerpo mi wawa.

**SINDICALISTA:** Pero si fuera así, si la wawa estuviera allí, si lo desenterráramos… el tío no daría más oro.

**SONIA:** Dame tú a la wawa.

**SINDICALISTA:** Sonia, tranquilízate.

**SONIA:** No quiero el oro, quiero la wawa.

**SINDICALISTA:** Sonia.

**SONIA:** No quiero denunciar, quiero la wawa.

**SINDICALISTA:** Pero eso no puede ser.

**SONIA:** Quiero la wawa. Cuando todos salgan de la mina, tú lo desentierras y me das a la wawa. Nadie se va a enterar, yo lo enterraré en silencio, nadie sabrá nada, lo enterraré fuera del cementerio, en lo alto. Nadie sabrá nada. Dame tú a la wawa. No temas tú al tío.

*El SINDICALISTA saca de su bolsillo una bolsa y se la da a SONIA.*

**SINDICALISTA:** Si quieres encontrar a tu hijo, búscalo en las hojas de coca.

**SONIA:** ¿Cómo puedo buscarlo en las hojas de coca?

**SINDICALISTA:** Si es cierto que lo tiene el tío, se comunicará contigo mediante las hojas de coca.

**SONIA:** Mi hijo apenas sabía escribir.

**SINDICALISTA:** El tío se encargará de eso. Si es cierto que lo tiene el tío, él nos dirá dónde está y lo traeremos para ti.

**SONIA:** ¿Haréis eso por mí?

**SINDICALISTA:** Y mucho más, Sonia. Lo del trabajo de tu esposo sigue en pie. Ahora tenemos que ir a la mina. Hay que trabajar. Llama a tu hijo y que te diga dónde está.

**SONIA:** Gracias por todo. Muchas gracias.

*El SINDICALISTA sale de la casa, SONIA no pierde el tiempo y desparrama las hojas de coca en el suelo. Se arrastra por el suelo e intenta encontrar algún sentido a la postura de las hojas. De pronto, unos golpes suenan dentro de un armario. SONIA se acerca a él y escucha los golpes.*

**HIJO:** Mamá, ábreme.

**SONIA:** ¿Eres tú, hijo?

**HIJO:** Ábreme.

*SONIA abre el armario y el niño sale de él. Lleva vendados los pies, las manos y las orejas.*

**HIJO:** ¿Qué querías?

**SONIA:** Quiero saber dónde estás.

**HIJO:** Ya no estoy aquí.

**SONIA:** Eso ya lo suponía. Quiero saber dónde te llevaron y qué hicieron contigo. Quiero llevarte a tierra santa y poner una lápida con tu nombre para ponerle flores alrededor.

**HIJO:** Ya.

**SONIA:** Dime dónde estás.

**HIJO:** ¿Qué hacías con la coca?

**SONIA:** Estaba leyendo.

**HIJO:** Eso no sirve para nada.

**SONIA:** ¿Dónde estás?

**HIJO:** ¿Dónde voy a estar? En la mina. En la tercera galería, a trescientos metros de la boca. Pero no debes decírselo a nadie.

**SONIA:** Los del sindicato me ayudarán.

**HIJO:** No te ayudarán. Por eso te dieron la coca, para que te entretuvieras con algo que no vale para nada y así nunca supieras dónde estaba mi cuerpo.

**SONIA:** Pero ha funcionado. Has venido.

**HIJO:** La coca no sirve para ir y venir, sólo sirve para leer. Ellos fueron los que me secuestraron, me llevaron ante el tío y me ofrecieron a él. Luego me ejecutaron cruelmente. Uno siempre cree que los sacrificios son rápidos, pero no es así. Primero me cortaron los dedos de los pies, luego los de las manos y por último las orejas. Supongo que lo hacen para que no escriba mensajes a través de las hojas de coca, ni escuche las llamadas de los familiares cercanos. No sé por qué se les olvidó cortarme la lengua. Quizás crean que el tío quiera charlar conmigo y por eso no lo hicieron. Por eso puedo hablar contigo sin problemas.

**SONIA:** Pero has venido.

**HIJO:** Vine en cuanto pude. Quería venir a avisarte. Como aún tenía lengua, podría venir a hablarte.

**SONIA:** ¿Has visto al tío?

**HIJO:** El tío no existe. Son cosas de campesinos brutos y del pensamiento salvaje. ¿Sabes una cosa? Papá estaba entre ellos. Él no hacía nada, sólo miraba. Creo que derramó alguna lágrima, pero no hacía nada. Procuraba no mirarme. Yo lo miraba a él y le gritaba que me defendiera de esos brutos, pero él estaba sentado a lo lejos, en la oscuridad, y no hizo nada. Luego me mataron cuando ya casi estaba desangrado. Me metieron un cuchillo en el corazón y me golpearon en la nuca porque no dejaba de patalear. No les digas nada. Ve a la tercera galería y espera a que todos entren. Mientras estén trabajando, nadie vigilará la entrada. A trescientos metros de la boca, debajo de unas piedras, estoy yo. Llévate una carretilla, es más cómodo. No hables con nadie. Tampoco con papá. Espero que el sitio al que me llevas sea menos frío. Ahora me voy.

**SONIA:** ¿Quieres volver al armario?

**HIJO:** No, prefiero salir por la puerta. Por el armario me trajeron las hojas de coca. No son muy precisas, que digamos.

**SONIA:** ¡Hijo!

**HIJO:** Adiós, madre. Si puedes, llévame a un sitio más caliente.

*El hijo se acerca a la puerta, la abre y se va.*

*SONIA, con el cuerpo de su hijo en brazos corre por las galerías de la mina. Ante ella se encienden decenas de lámparas de minero en la oscuridad.*

*SONIA se detiene e intenta huir por otra galería, pero más luces se encienden en la galería.*

*SONIA lo intenta por otro camino, pero vuelve a ocurrir lo mismo.*

**SONIA:** ¿Sabéis una cosa? Aunque no lo deseéis, aunque no os queráis hacer a la idea, aunque sea vuestra ruina: esta teta ya está vacía.

*Una descarga de disparos se anudan en los ecos de la galería. SONIA cae muerta.*

*Las luces se acercan a la mujer y la iluminan.*

*Un hombre entra y mira al SINDICALISTA, quien lo mira con disgusto.*

**HOMBRE:** Se puso como loca. Así son las mujeres. Están todas locas. Yo le dije: Tenemos más hijos. Tendremos más hijos, pero ella quería a esa wawa. Se puso como loca. Están locas todas. Así son las mujeres con las wawas. Todo el tiempo igual, sin parar, sin parar.

**SINDICALISTA:** Tú tenías que saber manejarla.

**HOMBRE:** Estaba loca. Se puso como loca.

**SINDICALISTA:** Llévatela. Entiérrala sin que nadie lo vea. Fuera del cementerio, en lo alto. Dices que se volvió loca y corría por los montes.

**HOMBRE:** Es la pura verdad .Yo ya le dije, pero se puso como loca.

**SINDICALISTA:** Ahora tendremos que buscar a uno para lincharlo. Diremos que la violó y la mató. Corre y llévatela, si no quieres que te linchemos a ti. No somos salvajes, no vamos a matar a la familia entera.

**HOMBRE:** Con las mujeres no se puede. Se vuelven locas.

*EL HOMBRE carga con el cuerpo de la mujer y se lo lleva. El cuerpo del HIJO queda tendido en el escenario.*

# COMPLEJO DE VIDA ECOLÓGICA

*De Juan Pablo Goñi*

*Mención especial del VI Premio de Textos de Teatro Carro de Baco.*

# COMPLEJO DE VIDA ECOLÓGICA

*De Juan Pablo Goñi*

*RAÚL: Empresario*
*DECHIAN: Vendedor*

*Mesa de bar. Cervezas. Maletín sobre la mesa. RAÚL está sentado, llega DECHIAN, trae una libreta. Le hace señas, se saludan. Se sientan.*

RAÚL: Disculpa que te atienda aquí, pero no quiero que en la oficina sepan de la campaña, por allí circula mucha gente, es difícil concentrarse, pueden robarte las ideas...

DECHIAN: No te preocupes, Raúl. Vamos a lo nuestro.

*RAÚL abre el maletín, le pasa unos planos.*

RAÚL: Fácil, un slogan pegadizo y vendemos como agua.

DECHIAN: ¿Es un edificio de oficinas?

RAÚL: ¿Por qué?

DECHIAN: Porque el plano está lleno de celditas.

RAÚL: Esas son las unidades funcionales, es decir, los apartamentos.

DECHIAN. ¿Estas son las amplias propiedades?

RAÚL: Dechian, querido, ¿cómo querías que metiera diez departamentos por piso, de otra forma?

DECHIAN: ¿Diez por piso?

RAÚL: Para que rinda.

DECHIAN: ¿Por qué no has hecho más pisos?

RAÚL: Porque había que ponerles ascensor.

DECHIAN: ¿Diez pisos sin ascensor?, ¿cómo vendemos eso?

RAÚL: Fácil, sin ascensor, casi nada de electricidad. Ponemos: «las expensas más bajas del mercado».

*DECHIAN bebe un sorbo. Anota en su libreta.*

DECHIAN: Lo que no veo es la vecindad...

RAÚL: Ni locos vamos a ponerla en el plano. Tú escribe: excelente ubicación.

DECHIAN: ¿Pero dónde está el edificio?

RAÚL: Frente al vertedero. Es decir, a la parte de atrás del vertedero.

DECHIAN: ¿Y esa es una excelente ubicación?

RAÚL: Claro que sí, las montañas de basura son bajas, nadie les tapa la vista. Hasta que haga el segundo edificio, claro. Eso lo puedes incluir también en el folleto: vista... pintoresca.

DECHIAN: ¿Y cómo llegan al edificio?

RAÚL: Por un sendero que ya hicimos en el vertedero. O, pueden dar la vuelta por la autopista, son como diez kilómetros de más pero pueden llegar por ahí.

DECHIAN: ¿Qué tiene de excelente esa ubicación? Nos van a meter presos por publicidad engañosa.

RAÚL: Bueno, tiene acceso al basural, por lo tanto, no van a pagar servicios de limpieza, ellos mismos pueden arrojar sus propios desperdicios, ¿sabes lo que se ahorran? Además, a una cuadra, al lado del basural, está el frigorífico, pueden comprar carne barata. Dime ahora que la ubicación no es excelente.

DECHIAN: ¿Y el olor?

RAÚL: ¿Dónde has visto que en una campaña de ventas se hable del olor de los apartamentos? Tú colocas, digamos, el plano de una unidad y refieres lo de la vista y la ubicación.

DECHIAN: Pero está como a diez kilómetros del centro... y la escuela más cercana está a...

RAÚL: No te preocupes por la escuela, con lo pequeños que son los apartamentos, no entra ninguna familia con hijos. Y si está lejos del centro, es zona residencial. ¡Eso pega! Zona residencial, todos quieren vivir en una zona residencial. Gracias por la idea, voy a subir el precio un veinte por ciento.

DECHIAN: Ay… vamos a terminar…Bueno, el nombre… ¿qué nombre tiene?

RAÚL: Complejo Vida Ecológica.

DECHIAN:…

RAÚL: ¿No suena moderno?

DECHIAN: Sí, pero… ¿complejo?

RAÚL: ¿No es complejo de llegar? Vamos, anota las ideas antes que se te escapen.

DECHIAN: Pongo fotos de los departamentos.

RAÚL: Fotos no hay.

DECHIAN: …

RAÚL: No están hechos, Dechian, el negocio es que los compradores pongan la pasta para hacer el edificio. ¿Te das cuenta?

DECHIAN: Bueno, una foto del lugar…

RAÚL: ¿Cómo una foto del lugar?, ¿quién va a comprar un departamento al lado de un vertedero?

DECHIAN: ¿Entonces?

RAÚL: Entonces pones el mapa, súper ampliado, tal que no entre en el cuadro. Después, describes la unidad, con letras lindas. La sala, el comedor, el dormitorio.

*DECHIAN observa el plano.*

DECHIAN: Pero… eso no está en el plano…

RAÚL: Obvio, eso queda librado a la imaginación del propietario. Nosotros les damos un ambiente, ellos lo pueden convertir en lo que quieran, sala, dormitorio, comedor, lo que les guste.

DECHIAN: Interesante, podríamos agregar ese detalle, la posibilidad de dividir el espacio…

RAÚL: ¿Dividir el espacio? El espacio es de dos metros por uno cincuenta, si lo divides…

DECHIAN: ¿Eh? No les entra ni un televisor si ponen una cama…

RAÚL: Exagerado. Ahora la gente usa tablets o celulares, ven televisión por internet.

DECHIAN: Ah, ofrecemos antenas de wi-fi gratuitas.

RAÚL: ¿Qué? Ni siquiera hay señal de celular en esa zona. Pero prometieron que la van a poner.

DECHIAN: ¿Cómo pongo entonces?

RAÚL: Comodidades ideales para una pareja, con libertad para imaginar su mejor uso.

DECHIAN: Vamos presos.

RAÚL: No, Dechian, ¿cómo vamos a ir presos, si no mentimos? Ellos se sientan en una cama, pongamos, e imaginan. Listo.

DECHIAN: ¿Hay baño?

RAÚL: Por supuesto. Un metro cuadrado.

DECHIAN: Como la mesa.

RAÚL: Más o menos. Inodoro en una pared, lavamanos en la otra, ducha arriba.

DECHIAN: ¿No es un poco... estrecho?

RAÚL: El baño es para ir al baño, para tener sexo, que vayan a la pieza o a la cocina.

DECHIAN: ¿La cocina es amplia?

RAÚL: Sí, tiene como dos metros de largo.

DECHIAN: ¿Y de ancho?

RAÚL: Sesenta centímetros.

DECHIAN: ¿Cómo van a hacer? No hay lugar para cocinar...

RAÚL: ¡Qué compren comida hecha, no me jodas! Epa, esa es buena, podemos montar una rotisería con las chapas que sobren...

DECHIAN: ¿Chapas?

RAÚL: El décimo piso tiene techo de chapas, para darle un toque autóctono.

DECHIAN: ¿Un toque autóctono?

RAÚL: Claro, no te olvides que antes estaba ahí la villa del vertedero. Es una manera de recordar el pasado y apostar al futuro.

DECHIAN: ¿Y alguien va a comprar esas propiedades?, ¿cómo vendo cien propiedades así?

RAÚL: Asegurate de vender ocho, con eso ya tenemos el dinero para construir el edificio. Lo demás, es ganancia.

DECHIAN: Pero eso es un robo…

RAÚL: Y tú te llevas el diez por ciento de la ganancia.

DECHIAN: Mm, ¿no se podrá construir el edificio con siete nada más? ¿Para qué le vas a colocar encimera a la cocina, por ejemplo?

RAÚL: ¿Tú has visto una encimera en la cocina?

DECHIAN: ¿Y si ponemos los inodoros sin tapa? En cien, son mucho ahorro.

RAÚL: ¿Tú has visto tapas en los inodoros?

DECHIAN: No, tampoco veo las canillas del baño, ni de la cocina…

RAÚL: Está estudiado al detalle, más barato, imposible.

DECHIAN: Y bueno, tendremos que conformarnos con ese porcentaje tan magro del noventa y dos por ciento de ganancia sobre la inversión.

RAÚL: Que no hacemos nosotros.

DECHIAN: Igual, me va a costar venderlo.

RAÚL: Vamos Dechian, pon lo que te he dicho en el anuncio, pasas una furcia en tetas, el precio, otra furcia en tetas y los teléfonos para comprar.

DECHIAN: ¿Qué tiene que ver una furcia en tetas con un departamento?

RAÚL: Todo, Dechian, todo. Pon una mujer que esté buena y nadie se fija en el precio. Es la fantasía. Los gilipollas se imaginan que se van a llevar una hembra así al depto.

DECHIAN: ¿Y las mujeres?

RAÚL: Las mujeres, en vez de mirarse al espejo, miran la televisión y piensan que esas hembras son ellas.

DECHIAN: Así que…

RAÚL: Se la van a pasar mirando las medidas de las modelos y no van a mirar las medidas de los departamentos.

DECHIAN: Entonces, listo.

RAÚL: ¡Chin, chin!

DECHIAN: ¡Chin, chin!

*Brindan.*

*Apagón.*

# SOTERRADO COMPÁS

*De Andrés Restrepo*

*Mención especial del VI Premio de Textos de Teatro Carro de Baco.*

# SOTERRADO COMPÁS

*De Andrés Restrepo*

*(El búnker es apenas un poco más grande que una habitación pequeña. El cemento era gris, ahora marrón por la arena que empolva las latas de comida, una pila de libros, algunas botellas vacías y un colchón hecho de paja y frazadas. Del afuera solo hay bombardeos y su silencio es el goteo constante de las cañerías. Un pequeño haz de luz entra por entre las grietas y determina el momento del día. Está atardeciendo. Joaquín se levanta, cansado del desvelo. Esperanza sopla las cenizas de una fogata.)*

**Joaquín:** ¿Hace mucho despertaste? *(Esperanza ensimismada, sopla la hoguera. Murmura*
*algo para ella.)* ¿Cuándo?
**Esperanza:** No dormí.
**Joaquín:** Me hubieses despertado para hablar.
**Esperanza:** ¿Hablar de qué?
**Joaquín:** No sé. Nada. Solo compartir calor. Así no derrochamos leña de esa forma. *(Esperanza ojea unos libros, les arranca las páginas y los hecha a la hoguera. Se escuchan los estallidos de las bombas, ambos las escuchan con un pánico ya habitual. Luego el silencio. Un gato gime adentro o afuera del lugar.)*
**Joaquín:** Ya no sé quién ataca. *(Esperanza deja de encender la fogata, ríe tímidamente)* Espero anochezca pronto… ¿Qué habré hecho mi libreta? *(Esperanza no responde)* ¿Podés destapar otro vino?
**Esperanza:** Nos tomamos el último de las provisiones. Y tus poemas, los tiraste al fuego mientras yo tiritaba de frío. La leña se acabó hace tres días, Joaquín.
**Joaquín:** ¿No queda siquiera whisky?
**Esperanza:** Lo usé para desinfectarte las heridas.

**Joaquín:** La puta madre. No era para tanto...y de los poemas. ¿Recordás algún verso?

**Esperanza:** Solo retuve una imagen. Algo de un ave... enamorada de su jaula.

**Joaquín:** ¿Sangraba?

**Esperanza:** No, pero estaban infectadas. Te saqué varias esquirlas.

**Joaquín:** ¿De granada o de una mina?

**Esperanza:** Nunca se sabe allá afuera.

**Joaquín:** Desperté en una sala de teatro. Tipo caja negra. ¿Ubicás? Las butacas no eran iguales pero todas color bordó. No paraba de estornudar. Estaba más empolvado que acá. Era cerca de otro búnker, de otros compañeros, pero no recuerdo cuál exactamente. Estamos muy mal organizados, de eso sí me di cuenta. *(Pausa. Se queja.)* Me duelen las costillas. Es como un abrazo no querido, frío y estrujado. Antes valía la pena luchar, valía la pena ser torturado por hacer arte. Pero no sabés lo mala que era esa obra, Esperanza. Las cosas nacen muertas cuando son panfletarias. Cuando me desperté comenzaba el segundo acto. Me arrastré tras bastidores y escuchaba una infinidad de aplausos. Pero sin público, te juro. Habían confiscado las libretas de la mayoría de los compas. Sin embargo, recuerdo que había un monólogo, un monólogo que sí me gustó. ¿Te gustan los monólogos? Será para vos el relativo a bailar sola.

**Esperanza:** *(Esperanza se amarra sus zapatillas de baile)* Solo me bastaría un suelo más suave.

**Joaquín:** No recuerdo el texto, pero algo de su esencia me quedó. Me gustó por lo desesperanzado, lo melancólico. Siempre hablan de la causa, de ese ideal al qué llegar. Este en cambio, solo miraba para atrás. *(Esperanza sopla las cenizas).* Entraba una luz bordó, que lo iluminaba al personaje. Había algo de utilería. *(Esperanza se sobresalta un poco al pasar junto a la luz que se cola por la grieta. Se para en puntillas.)*

**Joaquín:** Había media docena de camillas. Un tungsteno terrible. Sogas...baldes de

agua...chuchillos, pinzas de varios tipos.

**Esperanza**: ¿Tenían sangre?

**Joaquín:** Sí. Probablemente mucha gente murió sin decir nada.

**Esperanza:** ¡Oh!

**Joaquín:** Los admiro. Pero no los entiendo. Le pregunté a alguno si sabía dónde estaba pero no recuerdo si me dijo o no, o le sacaron la lengua... *(Joaquín se levanta y se encuentran en el centro del búnker. Joaquín pone con ternura sus dedos manchados de tinta seca sobre el largo cuello de Esperanza).*

**Joaquín:** Acabé mi historia. O mi sueño, ya no importa. *(Joaquín pausa. Se oyen lejanos bombardeos.)* ¿Quieres bailar? ¿Me bailarías... (Joaquín toca la frente y los ojos de Esperanza. Ella cierra los ojos y levanta su mano. Joaquín agarra la mano de Esperanza y la observa. Joaquín oprime los dedos de Esperanza contra sus labios. Joaquín acaricia el pecho y los labios de Esperanza. Joaquín toca el cuello de Esperanza y su escote. Suenan los bombardeos seguidos del goteo constante. Esperanza se vuelve y se apoya en el hombro de Joaquín. Joaquín toca su cuello.)*

**Joaquín:** Llevo ya mucho tiempo sin contacto... con la realidad, con el afuera. ¿Por qué no salimos? Solo asomarnos, ver caer el sol. ¿Por qué no escribimos algo... significativo? Una obra, una novela, un manifiesto. Sí, ¡un manifiesto! Algo escandaloso pero genuino...real, revolucionario, distinto. Escribamos un manifiesto, tu baile me ayudará. Baila por favor, Esperanza. Estoy perdido entre mis convicciones. "Como un pan, que a la puerta del horno se nos queda". ¿Te acuerdas de ese poema? Lo citaba el monólogo. Estaba tan confundido en esa sala...

**Esperanza:** No he bailado un solo paso desde que te fuiste. *(Esperanza se ríe de lo que dice. Joaquín la estrecha a Esperanza contra sí con un gemido suave, emocionado.)*

**Joaquín:** ¿Podrías bailar? ¿Podrías bailarme? ...Esperanza... escribamos algo ahora.

**Esperanza:** Sí.

**Joaquín:** Baílame, Esperanza, déjame verte de nuevo. *(Joaquín se tumba en la cama y se da la vuelta, quedando boca abajo, con un brazo colgando por un lado de la cama. Las bombas y el goteo continúan.)*

---

No quiero esconderme más. Ya incluso entre nosotros me siento escondido, un refugiado de la vida. Baílame, por favor.

**Esperanza:** Quisiera vivir en otra época.

**Joaquín:** ¿Otra época?

**Esperanza:** Sí, haber nacido hace ochenta años, doscientos.

**Joaquín:** ¿Cómo?

**Esperanza:** Así como vos podés fantasear con tinta yo puedo hacerlo con el cuerpo. *(Esperanza vuelve a las luz de las grietas que se desplaza sutilmente a medida que atardece, Esperanza sigue gateando a la lucecita, felina y triste.)* Me iré de acá. Me asilaré en un país cálido. Me gusta pensarme donde hace calor. Transpirada y sonrojada... vital. Me cambiará la piel y el nombre.

**Joaquín:** ¿Cómo te llamarás?

**Esperanza:** Oriana. Oriana Lucero. Me asilaré en la pensión de una cantante soprano, retirada. A la mañana ensayará mediocre sus antiguas canciones y a la tarde llorará con una belleza que desconoce. *(Esperanza se sienta al lado de la lucecita que comienza a extinguirse.)* Atardecerá más naranja que en este maldito búnker. Tronará el cielo. Sonarán todavía...

**Joaquín:** ¿Las bombas?

**Esperanza:** Sí. Pero ya no me asustarán. Los bombardeos pintarán arreboles hermosos.

**Joaquín:** ¿Y luego?

**Esperanza:** Desaparecerá el miedo porque ya lo habré vivido. Ya lo habré vivido todo y solo quedará desvivir de poco.

**Joaquín:** Desvivir...

**Esperanza:** Desaprender esperanzas y manifiestos. Me quedaré sola frente a esas pequeñas cortinas que se harán de a poco grandes, inmensas y gigantes. Habrá una gran sequía que desesperará a todos los hombres, menos a mí que me bastarán un par de gotas. Solo un par de gotas. Me veré gotear como esos rocíos que me maravillaban de nena. Bombas y goteras remarcaran mi nueva rutina, el contrapunto de mi baile. Todas las semanas recibiré una partitura, un nuevo movimiento. Vestiré solo en harapos celestes, percutidos de nostalgia, de una nostalgia por vivir, por desvivir…solo tendré fuerzas para bailar. Cada vez con más torpeza pero con la vitalidad del aprendiz. Se agrandarán mis costeros aposentos o se achicará mi mirada cansada. Caerán las bombas pero no importará ya. Algunas caerán al cielo como una pirotecnia terrible. Esto me tranquilizará. Mi mirada, mis pómulos rosados perderán primero la incertidumbre del refugiado. Serán inocentes de nuevo y no querrán más que ver y sonrojarse. Ver y nada más. Porque pensar es estar enfermo de los ojos. No querré saber nada de lo que ocurre externo a mi baile. Un día frente al espejo me veré rejuvenecer. Me alegraré de haberle invertido la arena al reloj. Nadie atestiguará mis espectáculos pues la mayoría serán soñados. Me conectaré más con mi universo onírico que con esta realidad decadente, con tu revolución mal envejecida. Me despertarán las bombas y me acurrucarán las gotas. Decidiré un día mirar mi reflejo en un lago y me veré joven y me veré infante. *(Esperanza se levanta y persigue la luz de la grieta que comienza a achicarse. Gatea. Bordea con sus manos el circulito de luz que comienza a comprimirse. Hasta que anochece. Joaquín enciende un libro en la hoguera.)* Los senos me regresarán al pecho y el cabello tendrá su primer pigmento. No tendré vellos porque no habrá peligro. No recordaré nada porque no habré vivido en absoluto. Solo será un mal sueño este refugio. Y bailaré. Incluso gateando, bailaré todavía.

**Joaquín:** Vuelve al fuego, Esperanza.

**Esperanza**: ¡Qué pequeña que estaré! *(Joaquín se acerca a Esperanza, la obliga a levantarse)* Me bañaré en placenta y una tarde otoñal como esta, regresaré a ser feto, a ser nada.

**Joaquín:** Vuelve conmigo al fuego, Esperanza.

**Esperanza:** Quiero vivir en otro tiempo. *(La luz entra de nuevo por la grieta, Joaquín se levanta y la sigue. Esperanza lo observa junto al fuego. Joaquín persigue gateando a la luz hasta que esta desaparece y de nuevo anochece. Joaquín solloza en posición fetal.*

**Esperanza:** Regresa al fuego, Joaquín *(Joaquín vuelve hacia Esperanza.)*

# ¡TAXI!

*De Oscar Esteban*

*Mención especial del VI Premio de Textos de Teatro Carro de Baco.*

# ¡TAXI!

*De Oscar Esteban*

**Narración_:** *Un hombre esperaba impaciente en calle Borrás con Vía Júlia la llegada de un taxi. Cubierto con una enorme gabardina marrón que iba oscureciéndose con las primeras gotas de lluvia que asomaban por el barrio de Nou Barris.*

**Antonio_:** — ¡Taxi!, Taxi ¡por favor! —gritó ante la indiferencia encontrada.

**Narración_:** *El taxi estaba parado ante el rojo del semáforo esperando al esperanzador cambio de colores. El hombre corrió hasta el taxi, abrió la puerta derecha trasera y se acomodó en el interior. El taxista se giró sorprendido. mientras otro caballero le miró indignado cerrando desordenadamente el diario que estaba leyendo.*

**Taxista_:** — Pero ¿qué diablos está haciendo caballero?

**Antonio_:** — Está empezando a llover y voy aquí al lado, no más de tres manzanas, al lado de la parada de metro de Lluchmajor.

**Pasajero 1_:** — ¿No ve usted que este taxi está ocupado?

**Anthony_:** — Sí, pero seguramente vamos en la misma dirección y podemos compartir el taxi y, por supuesto, los gastos.

**Pasajero_:** — Caballero, una persona que coge un taxi y, no el autobús ni el subterráneo o el tranvía, es precisamente, porque le sobra la compañía y le falta tiempo.

**Taxista_:** — A ver caballero ¿cuál es su nombre y dónde se dirige?

**Anthony_:** — Antonio Ramírez. Voy a la Biblioteca de Nou Barris.

**Pasajero 1_:** — ¿Por qué le pregunta dónde va? Soy yo quien se ha subido a este taxi primero.

**Taxista_:** — Señor, me va de paso, cojo Passeig Valldaura y en dos semáforos estoy allí. Por mí no hay ningún problema.

**Pasajero_:** — Oiga, no estamos en ningún país subdesarrollado o algo así ¿Acaso me va a cobrar usted menos por compartir el taxi?

**Antonio_:** — Yo estoy dispuesto a pagar tres euros.

**Pasajero_:** — ¿Qué significa tres euros? ¿Tres calles?

**Antonio_:** — Bueno no pretenderá que pague la mitad de la carrera, si voy aquí mismo. A saber, de dónde viene usted.

**Pasajero1_:** — Es el día de Navidad. No encontraría un taxi libre ni por veinte euros, amigo.

**Taxista_:** — Tres euros me parece un buen precio.

**Pasajero1_:** — ¿Ah sí? ¿Le parece un buen precio? Pues ¿qué le parece si yo le pago diez euros ya que tomé en la Plaça dels Titellaires y me bajo ya mismo?

**Taxista_:** — No es lo mismo, señor. Usted iba hacia esta dirección igualmente.

**Pasajero1_:** — Dejen de tocarme las narices. Este taxi lo he cogido yo y exijo utilizar este taxi.

**Antonio_:** — Buen hombre, debería usted compartir taxi. Estamos en fechas especiales.

**Taxista_:** — Claro, son fechas entrañables. Mire usted, en cuanto acabe esta carrera voy a cenar con mi mujer. Es apenas unos metros del lugar donde he de dejarle.

**Pasajero 1_:** — ¡¿Cómo? ¿Qué usted va al lado de donde me bajo yo? — exclamó ante el asentimiento del taxista.

**Pasajero 1_:** — ¡Ah!, pues en ese caso deberíamos dividir la carrera entre tres ¿no cree?

**Taxista_:** ¿De qué demonios me está hablando?

**Anthony_:** — Hombre, lo veo razonable. Usted también está aprovechando el taxi para volver a casa. No digo que pague la mitad porque va en la misma dirección, pero creo que lo justo es que pague lo correspondiente.

**Taxista_:** — Pero ¡ustedes deben estar de broma! No pienso pagar un solo euro por viajar en mi propio taxi.

**Pasajero 1_:** — ¡Ah! ha sido usted quien ha dejado subir a este hombre a mi taxi.

**Taxista_:** — Es mi, repito, mi taxi. No es, su taxi.

**Antonio_:** — Bueno, conste que no veo justo que no se divida la carrera entre tres, pero yo solo voy a disponer de tres euros, señores.

**Narración_:** *El taxista frenó súbitamente ante el pitido del claxon del coche contiguo. La lluvia rebotaba incesante sobre el capo del automóvil.*

**Taxista_:** — ¡Haga el favor de bajarse! —ordenó.

**Antonio_:** — Pero buen hombre está diluviando y estamos a una sola calle de mi parada.

**Taxista_:** — ¡Bájese o le bajo yo a patadas!

**Antonio_:** — Está bien, está bien. Feliz Navidad caballeros. Que conste que me he ofrecido a pagar mi parte de la carrera.

**Narración_:** *El taxi reemprendió rápidamente la marcha mientras Antonio corrió a refugiarse de la lluvia bajo las cornisas del edificio más cercano.*

**Taxista_:** — Qué ganas tengo de que se acabe este día. Una calle más, un solo semáforo más y podrá usted llegar a su lugar de destino y, con ello, el fin de esta pesadilla.

**Pasajero 1 _:** — Que conste que ha sido usted quien ha invitado a ese individuo a subirse a nuestro taxi.

**Taxista_:** — ¡Mi Taxi!! No quiero oír nada más, cuando llegue a su destino, me paga la carrera y listos.

**Pasajero 1 _:** — A ver una cosa. Yo le pagaré la parte proporcional de la carrera, creo que es lo más justo. No voy a entrar en la parte en que usted como beneficiario de esta carrera quede exento de pagar un tercio de la carrera, pero el otro caballero, Antonio, se ha ofrecido a pagar tres euros y usted los ha rechazado. Dígame usted ¿por qué he de abonar yo esos tres euros si ha sido usted quien ha decidido que no los pagase?

**Narración_:** *El taxista giró su cabeza violentamente sobre el pasajero y detuvo el vehículo de nuevo.*

**Taxista_:** — Abandone mi taxi inmediatamente.

**Pasajero 1_:** — ¿Qué es lo que he dicho? Me parece justo reclamar ese dinero que ese buen hombre disponía para esta carrera. En fin, es Navidad, no me dejara aquí en medio de la lluvia ¿no?

**Narración_:** *El taxista cogió del abrigo al pasajero y lo sacó del taxi emprendiendo violentamente la marcha hasta llegar a la Plaça de la República. Estacionó su vehículo y entró en el portal de su edificio. Abrió la puerta de su casa, se sentó en el sofá y suspiró al aire.*

**Esposa_:** — ¿Ya estás aquí? Era imposible coger un taxi de camino a casa, no he podido preparar nada de la cena. Te habrá ido muy bien hoy con las carreras.

**Taxista_:** Veintisiete euros he hecho en toda la tarde.

**Esposa_:** ¿Solamente?

**Esposa_:** Carlos, te tengo dicho que seas más ambicioso, que tengas más picardía. Hay mucho taxista pirata que hace cualquier cosa por una carrera. ¿Sabes que deberías hacer? Deberías hacer eso que hacen en los países subdesarrollados.

**Taxista_:** ¿De qué me estás hablando?

**Esposa_:** Sí, hombre. Deberías coger más de un cliente a la vez y que cada uno se bajara donde le fuera mejor. Así ganarías más dinero. Seguro que así harías una fortuna. Y más en estos días, que es Navidad. O, sácate una licencia VTC…

# ANILLOS

*De Oscar Alberto Samoilovich*

*Mención especial del VI Premio de Textos de Teatro Carro de Baco.*

# ANILLOS

*De Oscar Alberto Samoilovich*

## PERSONAJES

**Ana**: supuesta novia. 30 años, algo baja y obesa
**Alberto:** novio. 30 años. Alto y flaco. Prolijo. Tímido
**Dorys:** madre de novio. 60 años. Mandona
**Antonio:** padre de novio. 70 años.
**Cosme:** cura
**Marcela:** cantante. 20 años: Cuerpo llamativo
**Melina:** 20 años. Novia oficial de Alberto
**Susana:** madre de Melina. 60 años. Mandona
**Petrone**: abogado medio bobo

## ESCENARIO

El interior de una iglesia que tiene 30 metros de largo y 10 de ancho. La única puerta de acceso, está sobre un lado corto del salón. Hay dos grupos de 20 hileras de bancos orientados hacia adelante, que delimitan un pasillo. Al fondo del salón, una tarima con 2 escalones. Sobre esta, hay una mesa. La mesa está cubierta por un mantel blanco. Sobre la mesa, hay 3 ramos de flores. Atrás de la mesa, hay 2 micrófonos de pie. En cada pared lateral, hay 3 ventanas circulares con vitraux. Intercalados entre las ventanas, varios parlantes y aparatos de aire acondicionado empotrados en la pared. A la derecha de la tarima hay un órgano y 4 sillas orientadas a la tarima.

## ACCIÓN

### ESCENA 1 – Altar de la Iglesia

Tras la mesa en la tarima del altar de la Iglesia, el padre Cosme revisa unos papeles. Al lado suyo, están Dorys (madre del novio) y Ana (la novia). Ana tiene unos papeles en la mano y lleva puestos lentes. Un poco más alejados, cerca de la primera fila de asientos, están Alberto (novio) y Antonio (su padre). Cerca del órgano, está Marcela (cantante del coro) sentada

**Dorys:** Bueno, entonces cuando entres a la iglesia, el novio te va a estar esperando acá

**Ana:** Bueno

**Dorys:** Entonces vos venís del brazo de Tony

**Ana:** ¿Qué Tony?

**Dorys:** ¿Como que Tony? El padrino. ¿Ya te olvidaste?

**Ana:** No, no. A ver

(Ana revisa los papeles que tiene en la mano)

**Ana:** No, está bien. Me confundí porque acá dice Antonio

**Dorys:** Bueno, nena. Tony es Antonio. ¿Vos estás segura de que te vas a acordar de todo? Del nombre del novio supongo que te acordás

**Ana:** Por favor, Dorys. Como me voy a olvidar de Alberto

**Alberto:** ¿Qué pasa conmigo? ¿Me llamaban?

**Dorys:** No, Betito. Quedate tranquilo. Vos seguí hablando con tu padre de la fiesta, que yo me arreglo con Ana. ¿Ya te probaste el vestido?

**Ana:** Ay, justamente de eso le quería hablar. Me queda muy ajustado. Y muy largo, se arrastra mucho por el piso.

**Dorys:** Pero nena, lo que pasa es que estás un poco excedida vos. Y encima tan bajita.

**Ana:** Bueno, así es mi cuerpo. ¿No se puede arreglar?

**Dorys:** Claro que se puede arreglar. Vos no comás nada hasta el sábado. Igual el viernes te purgamos. Y buscamos zapatos más altos. ¿Pero no vayas a comer nada hasta después de la fiesta, eh?

**Ana:** Yo decía arreglar el vestido

**Dorys:** ¡Antonio! ¿Hay tiempo para arreglar el vestido?

**Antonio:** Tiempo, puede ser. Plata no. Ya nos fuimos de presupuesto

**Dorys:** Ya sabía. Siempre lo mismo

**Dorys:** Bueno, ahora vamos a ver el tema de la música

**Padre Cosme:** Bueno, en general a los novios les gusta Pompa y Circunstancia para la entrada a la iglesia, el Ave Maria para la bendición de los anillos y Aleluya para la salida de los novios

**Ana:** Ay, el Aleluya. Me encanta. Como voy a llorar cuando salga con Alberto del brazo

**Dorys:** Si, pero el Ave Maria no se entiende nada. Eso de "et benedictus fructus ventris" es muy complicado. A mí me gustaría algo más moderno

**Cosme:** Bueno, habría que ver lo que les gusta a los novios.

**Dorys:** El Ave Maria está bien, pero le vamos a cambiar la letra. Vamos a pedir que en vez de "Gratia plena", diga "Muchas Gracias"

**Cosme:** No, Dorys. La canción no habla de agradecer, sino de la Gracia y santidad de Maria

**Dorys:** Bueno, pero hay que agradecer a los invitados que vinieron a la Iglesia. Porque la mayoría va al salón directamente, porque les aburre la ceremonia

**Cosme:** Dorys, pero no se puede cambiar la letra. Es una canción litúrgica

**Dorys:** Yo entiendo lo que Ud. dice. Por eso hacemos un trato. La música como Ud. quiere, y la letra como queremos nosotros.

**Cosme:** No Dorys, no se puede cambiar la letra. Es una falta de respeto. Es un pecado

**Dorys:** No se preocupe, Cosme. Después venimos y nos confesamos, Dios nos perdona y listo. Pero no me pida que venga la semana que viene a confesarme. Le prometo que para la Pascua, me tiene aquí.

**Cosme:** Pero la Biblia dice...

**Dorys:** ¿Dónde está la chica del coro?

**Cosme:** Pero Dorys, no me está escuchando...

**Marcela:** ¿Me llamaban?

**Dorys:** Ay, ¿vos sos la corista?

**Marcela:** No, la cantante del coro

**Dorys:** Ay, pero que linda chica. ¿Cuántos años tenés?

**Marcela:** 23

**Dorys:** ¿Sos soltera? ¿Tenés novio?

**Marcela:** Ehh, no. Ahora no.

**Dorys:** Ay, una chica tan linda. ¿Lo conocés a mi hijo?

**Marcela:** No, creo que no

**Dorys:** Es el que está ahí. Con el padre. Alberto, pero le decimos Beto. ¿Viste que lindo chico, nena?

**Marcela:** Señora, Ud. me quería hablar de algo sobre el coro

**Dorys:** Ah, sí sí. De la letra del Ave María.

**Marcela:** Si, la sé bien señora. No se preocupe. La cantamos todos los casamientos.

**Dorys:** No, pero en este va a ser distinta. ¿Soltera, me dijiste no?

**Marcela:** ¿Cómo que va a ser distinta?

**Dorys:** Ay, como me gustaría una chica como vos para Betito. ¿Lo miraste bien a mi hijo?

**Marcela:** No entiendo, señora.

**Dorys:** ¿Te puede reemplazar alguien en el coro?

**Marcela:** No sé, señora. ¿Por qué?

**Dorys:** Así te casas vos con Betito. A vos seguro te va ir bien el vestido

**Marcela:** ¿Cómo que yo me case?

**Dorys:** No te preocupes. Yo consigo quien te reemplace en el coro. ¿Ana, vos sabés cantar?

**Ana:** ¿Por qué?

**Dorys:** Así, vos cantás y Marcela se casa con Betito.

**Ana:** No, Dorys. ¿Cómo me dice eso? Yo me había hecho ilusiones.

**Marcela:** ¿Pero cómo se le ocurre que yo reemplace a la novia?

**Dorys:** No hay problema. Beto vive en Tucumán hace 6 años, y ninguno de los invitados conoce a la novia, así que nadie se va a dar cuenta si reemplazás a Ana

**Marcela:** No entiendo nada

**Dorys:** (señala a las 2 chicas) ¡Beto! ¿Cuál preferís?

**Alberto:** No sé. Elegí vos mamá.

**Dorys:** Tengo que estar en todo. Todo porque fuiste a comprar los anillos con tu novia.

**Alberto:** Ya hablamos de eso mamá.

**Dorys:** Si, pero no te das cuenta que ahora no le entra el vestido a la novia.

**Alberto:** ¿Y es mi culpa eso?

**Dorys:** Claro. Si hubieras ido solo a comprar el anillo no pasaba esto.

**Marcela:** ¿Qué tiene que ver el anillo con el vestido?

**Dorys:** Nena, vos probate el vestido primero. A ves, sacate el tapado así veo mejor tu cuerpo.

**Marcela**: Si insiste. Pero no entiendo.

Marcela se saca el tapado. Tiene puesto un pulóver y un jean, muy ceñidos que le marcan su figura. Alberto y Antonio miran a Marcela con atención. Alberto se acerca

**Alberto:** Hola, ¿así que vos sos la novia?

**Marcela:** No, soy la cantante

**Ana:** No Beto, la novia soy yo. ¿No te acordás?

**Alberto:** Si, me acuerdo. Pero la novia no puede entrar sin vestido, y a vos no te queda

**Ana:** Bueno, pero ya habíamos planeado que nos casábamos nosotros dos. ¿No te acordás?

**Alberto:** Si, pero creo que Marcela va a estar muy bien cuando se ponga el vestido. Y mucho mejor cuando se lo saque

**Marcela:** Ay, me pongo colorada

**Dorys:** ¿No me dijiste recién que te daba lo mismo con quien te casabas?

**Alberto:** Es que estaba distraído hablando con papá. Y además Marcela estaba muy abrigada

**Ana:** A mí nunca me dijiste eso

**Alberto:** Bueno, es que nos conocemos hace poco

**Ana:** ¿3 días te parece poco? Si a ella la conocés hace 10 minutos

**Dorys:** Chicos, a ver si se ponen de acuerdo de una vez

**Marcela:** ¿Cómo? ¿Se conocen hace 3 días y se van a casar?

**Dorys:** Si, porque a este marmota se le ocurrió ir a comprar los anillos con la novia

**Marcela:** (a Ana) ¿Con vos fue a comprarse los anillos?

**Alberto:** No con ella no, con Julia

**Marcela:** ¿Quién es Julia?

**Dorys:** La novia que Beto conoció en Tucumán

**Marcela:** ¿Y dónde está?

**Alberto:** En Ezeiza

**Marcela:** ¿Se va de viaje? ¿Se escapa para no casarse?

**Antonio:** No, presa. Por robarse 3 cadenitas de oro cuando fue a comprarse los anillos con Beto

**Dorys:** Igual el mes que viene sale. Pero no teníamos tiempo de cambiar la fecha de la Iglesia y el salón.

**Antonio:** Yo ni loco iba a perder la seña del Salón, ni gastar otra vez en invitaciones cambiando la fecha

**Dorys:** Así que le dije a Antonio que consiga una sustituta para la ceremonia y la fiesta, y el mes que viene hacemos el civil cuando la larguen a Julia. ¡Pero mi marido no me supo conseguir una novia que entrara en el vestido! Entre la chorra que eligió mi hijo y la gorda que eligió mi marido, me quedo con vos, nena, Serás medio pavota, pero por lo menos vas a parecer una reina cuando entres a la iglesia de blanco.

# GUILLOTINA

*De Álvaro Torres*

*Mención especial del VI Premio de Textos de Teatro Carro de Baco.*

# GUILLOTINA

*De Álvaro Torres*

*Plaza Pública. La multitud se acalora y vitorea. La guillotina muerde la nuca. Las voces excitadas, gritan, chillan. Corre la sangre, suave. La multitud enmudece, sin calmarse. Desde el centro del silencio una risa tímida se expande y toma cuerpo en las bocas y las gargantas de todos. La guillotina se ha trabado en la nuca.*

CIUDADANO-SOLDADO. ¡Calma, ciudadanos, calma!

MIEMBRO DEL COMITÉ DE SALVACIÓN PÚBLICA. Esto es un atentado a la Revolución.

CIUDADANO-SOLDADO. No me desespere usted también, ¿eh? Esto se resuelve. Deme un minuto y ya. Un minuto.

MIEMBRO DEL COMITÉ DE SALVACIÓN PÚBLICA. Es inconcebible. Mire a ese pueblo, va a arder esperando que la justicia cumpla con lo que debe.

CIUDADANO-SOLDADO. ¡Ramón! ¡Ramón! ¿Qué pasó ahí?

VERDUGO. No sabemos, ciudadano-soldado, no sabemos. Parece que el joven Bofegnaud no afiló bien la cuchilla.

MIEMBRO DEL COMITÉ DE SALVACIÓN PÚBLICA. ¿Pero qué culpa tiene el pueblo de la incapacidad de ese Bofegnaud?

CIUDADANO-SOLDADO. Ninguna, diputado, ninguna. El pueblo nunca tiene la culpa de nada. El pueblo es la Revolución y si el pueblo tiene la culpa de algo entonces la Revolución tiene la culpa de algo, y eso no es posible. *Al verdugo.* ¿Y dónde está Bofegnaud?

VERDUGO. Sus tres hijas murieron esta mañana.

CIUDADANO-SOLDADO. ¿Las tres?

VERDUGO. La tres. Amanecieron ya sin vida. No tenían nada para comer.

MIEMBRO DEL COMITÉ DE SALVACIÓN PÚBLICA. ¡Vamos! El pueblo espera.

CIUDADANO-SOLDADO. *Al verdugo.* ¿Él no se llevó nada del anterior?

VERDUGO. Nada. Bofegnaud es quisquilloso para comer.

CIUDADANO-SOLDADO. Pero las hijas, al menos…

MIEMBRO DEL COMITÉ DE SALVACIÓN PÚBLICA. ¡Ciudadano-soldado, hay una misión que cumplir!

CIUDADANO-SOLDADO. ¿Cuál es el apuro? *Al verdugo.* Bueno, ¿y qué hacemos, Ramón?! ¡Este pobrecito se está desangrando!

VERDUGO. No sé.

MIEMBRO DEL COMITÉ DE SALVACIÓN PÚBLICA. ¿Cómo qué no sabe?

VERDUGO. No sé. Lo único que se me ocurre…

MIEMBRO DEL COMITÉ DE SALVACIÓN PÚBLICA. ¿Qué? Hable. ¡Rápido!

VERDUGO. Retirar la cuchilla… para afilarla.

MIEMBRO DEL COMITÉ DE SALVACIÓN PÚBLICA. No pueden hacer eso.

CIUDADANO-SOLDADO. Es el único modo.

MIEMBRO DEL COMITÉ DE SALVACIÓN PÚBLICA. Si le quitan la cuchilla se desangra. La orden es clara: debe morir decapitado, no desangrado.

VERDUGO. Entonces le ponemos un trapo en la herida.

MIEMBRO DEL COMITÉ DE SALVACIÓN PÚBLICA. ¿Qué trapo? No hay trapos. Todos han sido utilizados para hacer banderas. La revolución tiene su costo.

CIUDADANO-SOLDADO. Entonces que se desangre, ¡que se desangre! Una muerte por otra es lo mismo.

EL VERDUGO. ¡Mira, mira, ciudadano-soldado!

SOLDADO-CIUDADANO. ¿Qué?

VERDUGO. ¡Mira! El traidor quiere decirnos algo.

MIEMBRO DEL COMITÉ DE SALVACIÓN PÚBLICA. ¿Qué? No, no puede. No puede hablar después de ser condenado. Tápenle la boca.

SOLDADO-CIUDADANO. ¿Y por dónde va a respirar, ciudadano, eh? Usted lo dijo, debe morir decapitado, no asfixiado.

MIEMBRO DEL COMITÉ DE SALVACIÓN PÚBLICA. Pero no se le puede permitir que hable.

SOLDADO-CIUDADANO. Pues hágalo usted si quiere. *Al verdugo.* ¿Y qué dice, Ramón?

VERDUGO. No sé. Algo como bga-bga-bga crop-crop-crop gggra-gggra-gggra. No sé muy bien ese idioma.

MIEMBRO DEL COMITÉ DE SALVACIÓN PÚBLICA. Yo sí. Es el idioma de la felonía, el lenguaje de los traidores que intentan destruir la Revolución con sus bga-bga-bga crop-crop-crop gggra-gggra-gggra.

VERDUGO. ¿Usted cree?

MIEMBRO DEL COMITÉ DE SALVACIÓN PÚBLICA. ¿Cómo puedo yo, miembro del Comité de Salvación Pública, equivocarme?

VERDUGO. Yo creo más bien que se está ahogando, el pobre.

CIUDADANO-SOLDADO. Y quiere que lo acabemos de matar.

MIEMBRO DEL COMITÉ DE SALVACIÓN PÚBLICA. Eso es imposible.

CIUDADANO-SOLDADO. ¿Por qué? Si usted estuviera en su situación, pediría lo mismo.

MIEMBRO DEL COMITÉ DE SALVACIÓN PÚBLICA. Yo nunca estaré en su situación, porque yo amo la Revolución.

CIUDADANO-SOLDADO. Na-na-ná na-na-ná na-na-ná, na-na-ná na-na-ná na-na-ná. Cállese la boca. Tome.

*El soldado-ciudadano entrega un hacha de doble filo al Miembro del Comité de Salvación Pública.*

MIEMBRO DEL COMITÉ DE SALVACIÓN PÚBLICA. ¿Y esto?

SOLDADO-CIUDADANO. Ayúdeme.

VERDUGO. Yo también quiero.

*El verdugo empuña otra hacha de doble filo. Los tres talan el medio cuello intacto del condenado. La multitud vitorea. La sangre chorrea desde la clavícula y la cara choca contra el tablado del patíbulo, alumbrada por el sol y con una sonrisa, una sonrisa revolucionaria y sencilla.*

# Dramaturgias de Carro de Baco

# INTERIORS

*De Mercè López*

# INTERIORS

*De Mercè López*

> *Existeixen dues maneres de ser feliços: fer-se l'idiota
> i ser-ho    (Freud)*

## PERSONATGES

A: positiu, entusiasta.

B: fred i analític en l'escena I; canvia a somiador en l'escena II

## ESCENA I

(Dos homes vestits d'estricta etiqueta asseguts l'un davant de l'altre en dues còmodes butaques cadascun amb una enorme copa de brandi a la mà. Hi ha d'haver una ampolla plena a prop. )

A: Podríem brindar.

B: Humm... I per quin motiu?

A: Ha deixat de nevar.

B: És cert. Però no s'han restablert les comunicacions. Estem aïllats.

A: Correcte! Però aquí dins som calents.

B: Efectivament. Però d'aquí que rebin les nostres coordenades podria passar molt de temps.

A: Que podríem esmerçar fruint d'aquest brandi incomparable.

B: Realment aromàtic.

A: Del 34, la millor collita enregistrada d'ençà que vàrem establir-nos en aquestes contrades.

B: Té raó.

A: Què li sembla, doncs? Podríem brindar per això?

B: Per què no? El brandi provoca una sort de relaxació física agradable que fa passar la tristor. Ho fa tot... més dolç.

A: Pel brandi, doncs.

(Brinden. Silenci)

A: Ja hem brindat.

B: Nota una escalfor entranyable i una mena de boirina pujant pel nas cap al cervell?

A: Exactament com em temia, doctor.

B: Doncs jo no noto res, és clar.

A: Refïï's de mi, doncs, doctor. Com se sent?.

B: Què vol que li digui? Ni bé ni malament. Les condicions són les que són.

A: Ja hem constatat que no nevava.

B: Aha!

A: Si vol comprovem la qualitat de l'aire, el percentatge d'humitat i la temperatura ambient.

B: Ja sabem que l'exterior és inhòspit, inert, inviable.

A: En canvi aquí dins s'està tan bé..

(beuen)

B: I tot i així...

A: Naturalment, tot i així ens falta la Daisy, és clar.

(apareix la Daisy rere la gasa, seductora, vestida com una cabaretera dels anys 30 amb un micròfon de barra. Canta)

DAISY:

*Sooner or later you're gonna be mine*
*Sooner or later you're gonna be fine*
*Baby, it's time that you face it*
*I always get my man*

B:  (escèptic) Ah, la Daisy..

*Sooner or later you're gonna decide*
*Sooner or later there's nowhere to hide*
*Baby, it's time, so why waste it in chatter?*
*Let's settle the matter*

*Baby, you're mine on a platter*
*I always get my man*

A: Ara el món és perfecte!

B: Perfecte... en la reclusió.

A: Brindem per això!

(brinden. Silenci)

B: Vostè brinda per tot.

A: És qüestió de veure el got mig ple o mig buit, no li ho sembla?

B: I a vostè li sembla sempre mig ple.

A: Fet i fet, no ens podem queixar. Podem, per exemple, compartir un bon sopar davant la llar de foc mentre escoltem cantar la Daisy i també...

(li fa un gest explícit amb la copa a la mà)

B: És una idea interessant.

A: Ho reconeix?

B: El podria acompanyar si ho vol.

A: És molt amable. No esperava menys de vostè, doctor.

B: Li faria sentir millor si ho fes?

A: És clar que sí. És vostè qui em preocupa

B: Ara no el segueixo.

A: És que no el veig gaire animat.

B: He brindat amb vostè, recorda?

A: Sí, ho ha fet.

B: I he escoltat atentament la Daisy.

A: Certament.

B: També he accedit a acompanyar-lo a aquell sopar hipotètic.

A: Però no és feliç.

B: És rellevant? No se m'ha exigit mai que ho sigui.

A: Quina llàstima! Si més no, a mi m'ho sembla.

---

B: Un punt de vista interessant.

A: Ni tan sols se n'alegra, que hagi deixat de nevar.

B: La previsió atmosfèrica anuncia tempestes elèctriques i fortes calamarsades per als propers dies.

A: Ah, però ara mateix llueix el sol.

B: A 25 graus sota zero.

A: No hi fa res.

B: De debò? Hi deu haver una errada de programació.

A: Una errada? És clar, això explicaria sens dubte els nostres diversos punts de vista.

B: Objectivament no hi ha res que justifiqui el seu optimisme.

A: Jo no en diria tant. Simplement valoro allò que tinc.

B: En aquest cas, ben poca cosa.

A: Al contrari, doctor: en aquest cas, ho és tot.

B: Expliqui's, faci el favor.

A: Al defora hi ha el no-res, però aquí dins ho tenim tot.

B: Fascinant!

A: Confessi que el raonament és impecable.

B: A prova de qualsevol programació.

A: No hi he contravingut cap algoritme?

B: Encara ho haig de processar.

A: Com a individu?

B: No, com a doctor.

A: Ara sóc jo que no el segueixo.

B: Em preocupa la seva salut. Ja ho pot comprendre; és la meva missió mèdica. Hi ha una delicada línia entre la salut física i l'equilibri emocional, si em vol entendre...

A: És un aspecte seu que em desagrada força.

B: I no obstant això, vostè mateix em va indicar que me n'ocupés especialment.

A: Abans d'esdevenir-se la catàstrofe?

B: Es varen contemplar totes les variants possibles. És el protocol.

A: El protocol, naturalment.

(agafa l'ampolla)

B: Pensa brindar pels protocols?

A: No pas. Brindaré per l'harmonia, la Daisy i dos amics gaudint d'un bon brandi arrecerats de la intempèrie inhòspita i salvatge.

B: I l'aïllament no li provoca ansietat, claustrofòbia, algun neguit d'alguna mena?

A: (enfadant-se) Que es pensa que fa, doctor?

B: Allò pel que he estat programat, no ho dubti.

A: I si no és això el que vull?

B: Què és exactament allò que vol, doncs?

A: Ah, doctor! Ser feliç! No haver de preocupar-me per res, fruir de cada petita cosa que la vida m'ofereix, parlar amb un amic de tot i de res, enamorar-me cada dia una miqueta més de la preciosa Daisy...

B: Ho sap, oi, que ella és tan sols un holograma?

A: Un holograma, la Daisy?

B: La va dissenyar vostè mateix.

A: La Daisy... potser sí... no ho recordava.

B: I tant que sí. Vostè va dissenyar el búnquer sencer.

A: No me'n recordo.

B: Pateix una psicosi previsible.

A: Si vostè ho diu, doctor.

B: Vostè em va programar per evitar-la, per retornar-lo a la realitat, per mostrar-li la gravetat de les circumstàncies.

A: Doncs no en vull ser conscient, doctor.

B: Em temo que no hi té més sortida.

A: No pot limitar-se a actuar simplement com un amic?

B: Vostè em va dissenyar per retornar-li el seny.

A: Però això no em farà pas més feliç.

B: Vostè no volia perdre el nord.

A: I on és el nord?

B: Vostè...

A: Calli, doctor!

(se li abraona i es fa fosc)

ESCENA II

(Situació idèntica a la primera escena)

A: Podríem brindar.

B: Humm... I per quin motiu?

A: Ha deixat de nevar.

B: És cert. Quina bona notícia. Al defora brilla el sol a 25 graus sota zero.

A: Correcte! Però aquí dins som calents.

B: Efectivament.

A: Què li sembla, doncs? Podríem brindar per això?

B: Per què no? El brandi provoca una sort de relaxació física agradable que fa passar la tristor. Ho fa tot... més dolç.

A: Pel brandi, doncs.

(Brinden. Silenci)

A: Ja hem brindat.

B: Nota una escalfor entranyable i una mena de boirina pujant pel nas cap al cervell?

A: Exactament com em temia, amic. Li ve de gust una mica de música?

B: (il·lusionat) Ah, la Daisy..

(torna a aparèixer la Daisy rere la gasa)

DAISY:

*But if you insist, babe, the challenge delights me*
*The more you resist, babe, the more it excites me*
*And no one I've kissed, babe, ever fights me again*
*If you're on my list, it's just a question of when*

A: (fascinat) Ah, la Daisy..

*When I get a yen, then, baby, amen*
*I'm counting to ten, and then...*

A i B: (seduïts) Ah, la Daisy...

*I'm gonna love you like nothing you've known*
*I'm gonna love you, and you all alone*

*Sooner is better than later but lover*
*I'll hover, I'll plan*

*This time I'm not only getting, I'm holding my man*

B: La Daisy és un motiu més que suficient per fer un brindis

A: Aleshores, brindem per la Daisy.

(brinden)

*FOSC.*

# Y USTED, ¿QUÉ ESPERA?

*De Alba Cámara*

# Y USTED, ¿QUÉ ESPERA?

*De Alba Cámara*

(*En escena, un bar. Entra Don Manuel dueño del bar, le acompaña Carlos el camarero nuevo. Don Manuel enseña a Carlos a colocar las mesas y preparar el bar para recibir a los clientes*)

**Don Manuel:** Muy bien Carlos, ya sabes cómo funciona todo.

**Carlos:** Sí, Don Manuel, pero puede llamarme Charlie.

**Don Manuel:** Esta bien, Carlos, como prefieras. Quiero que sepas que yo, en mi bar, no contrato a cualquiera. Espero lo mejor de mis trabajadores, quiero que hagan bien su trabajo y presten un buen servicio a los clientes. Para mí lo más importante es...

**Carlos:** Ser respetuoso con los clientes.

**Don Manuel:** (*Da unas palmaditas en la espalda a Carlos*) Muy, pero que muy bien Carlos veo que nos vamos a entender muy bien tu y yo.

**Carlos:** Por supuesto Don Manuel. Pero me puede llamar Charlie.

**Don Manuel:** Sí, sí, claro, Carlos, como tú quieras. Y ahora a trabajar. Yo salgo a hacer unos recaditos así que te dejo solo. Guárdame bien el fuerte.

**Carlos:** Sí, Don Manuel, vaya tranquilo.

(*Entra en el bar Antonio, un hombre de mediana edad. Por su atuendo se nota que tiene una cita importante. Se sienta en la última mesa del bar, al fondo. Carlos entra y le pregunta por lo que quiere tomar. Poco después vuelve con un café. Antonio espera frente al café, solo. En la solapa de su chaqueta prende un clavel rojo. Está algo nervioso, mira continuamente el reloj. Se huele el aliento con las dos*) *manos, acto seguido mira a su alrededor por si alguien ha visto hacer ese gesto. Disimuladamente saca del bolsillo de su chaqueta un caramelo de menta, lo desenvuelve con sumo cuidado para no hacer ruido y no llamar la atención de la gente, mira a un lado y a otro del bar para ver si alguien lo mira. Se mete el caramelo en la boca rápidamente, arruga el papel haciendo mucho ruido y lo coloca en el plato donde reposa la taza de café. Empieza a chupar el caramelo exageradamente, mientras coge el sobre de azúcar para ponerlo en el café al abrir el sobre derrama toda la azúcar torpemente por la mesa, rápidamente intenta recogerla con la palma de la mano y cuando se ha asegurado de que todos los granos del azúcar ahora reposan en la palma de su mano la tira al suelo sacudiéndose las dos manos. Se da cuenta que no está bien el hecho de tirar el azúcar al suelo y mira a ambos lados del bar para ver si alguien lo ha visto tirar el azúcar al suelo, disimuladamente con un pie esparce el azúcar que ha tirado al suelo mirando con disimulo si alguien le ha visto hacerlo. En ese mismo instante entra al bar Margarita, una mujer de mediana edad, emperifollada para una gran ocasión, con unas mejillas muy lucientes, labios color rojo pasión, en el cuello atado un pañuelo de seda color rojo. Actúa como una detective secreta en una misión de alto riesgo. Con la mirada rastrea todo el bar, su actitud denota que busca a alguien desesperadamente, pero para que su desesperación no sea evidente disimula mirándose las uñas descaradamente desde todos los ángulos posibles. Antonio que está en el fondo del bar mira a Margarita con emoción y entusiasmo. Margarita mira a Antonio de reojo exageradamente. Antonio eufórico se pone en pie, agarra la solapa de su americana y con cara de felicidad muestra a Margarita el clavel que prende de ella. Margarita al ver esto, mira en todas direcciones y hace un gesto de silencio y con la mano le indica que se siente de nuevo para no llamar la atención, Antonio obedece a las demandas de Margarita, pero sin entender nada, una vez sentado en la silla vuelve a enseñar el clavel a Margarita. Esta sonríe y coquetea con Antonio cogiendo el pañuelo rojo que atavía su cuello y muy seductora coquetea. Antonio la mira satisfecho de su hazaña y con la mano le hace un gesto a Margarita para que se acerque a su mesa y le señala la silla que está a su lado. Margarita obedece a la petición de Antonio de una forma un tanto peculiar. Se va sentando en todas las sillas del bar en modo de espía infiltrado en una misión secreta, así hasta llegar a la mesa de Antonio. Una vez se sienta en la silla habla a Antonio muy bajito como si alguien los estuviera espiando)*

**Margarita:** ¿Y usted qué espera?

**Antonio:** ¿Yo?

**Margarita:** Sí, usted.

**Antonio:** Pues nada, aquí, espero.

**Margarita:** Ya sé que está aquí, hombre, eso ya lo veo.

**Antonio:** Espero. *(Silencio)* Supongo que espero lo mismo que usted. Ya me entiende. *(le guiña un ojo)*

**Margarita:** *(Indignada)* Ah, no, eso sí que no. Ni hablar…

**Antonio:** *(Ofendido)* Oiga, ahora no me irá a decir que no está esperando por lo del…

**Margarita:** No, no, no, usted supone que yo estoy esperando lo mismo que usted, pero no es cierto. ¿De dónde saca que yo estoy esperando?

**Antonio:** Está aquí como yo, así que no es muy difícil deducir que usted también espera por lo del…

**Margarita:** Pues lamento informarle que hace usted unas deducciones pésimas y dar por sentado que estoy esperando lo mismo que usted es aún mucho más pésimo que su deducción anterior. Así que dígame: *(Saca de su bolso una linterna y apunta a la cara de Antonio como en un interrogatorio)* ¿Qué espera?

**Antonio:** ¿Quiere la mentira o la verdad?

**Margarita:** ¿Cómo?

**Antonio:** A ver, mujer, ¿quiere que le diga la verdad o, por el contrario, prefiere que le diga una mentira?

**Margarita:** Esto es el colmo. Oiga, a usted cuando le hacen una pregunta que espera escuchar la mentira o la verdad, hombre, vamos… es que…

**Antonio:** Pues depende.

**Margarita:** Depende, dice… *(para sí)* el mundo se ha "echao" a perder, a ver, diga de qué depende.

*(Entra Carlos pasa cruzando la escena, en un monopatín y cantando)*

**Carlos:** De según como se mire todo depende. Depende… *(una vez cruza la escena, se escucha ruido de un gran golpe)* Estoy bien…

**Antonio:** ¿Ve? Todo el mundo lo sabe, depende de muchas cosas, de muchos factores, incluso del prisma con el que se mire. Hay veces que uno prefiere la mentira.

**Margarita:** Sí, claro… *(refunfuñando por lo bajini)* el prisma dice, sí, ja, ja y ja.

**Antonio:** Pues sí, porque hay veces que la mentira duele mucho menos que la verdad. *(Margarita lo mira piensa y asiente)*

**Margarita:** Hombre, mirándolo así…

**Antonio:** ¿Qué?

**Margarita:** Que tiene todo el sentido.

**Antonio:** ¿Ve? No era tan difícil de entender.

**Margarita:** Pues mire, ahora que lo dice, no sé qué prefiero, si la mentira o la verdad.

**Antonio:** Eso va a gustos.

**Margarita**: No me irá a decir ahora que va a gustos, puesto que el gusto, no entiende de mentiras o verdades.

**Antonio:** Cierto, pero no me irá usted a negar que el gusto, es algo que varía. Así que por ese motivo es una cuestión de gustos.

**Margarita:** ¿Sinceramente?

**Antonio:** Sí.

**Margarita:** *(Dubitativa)* No sé de que guisa se encuentra el mío. ¿Es posible que hoy no tenga gusto?

**Antonio:** Pues si usted carece de gusto… *(Cara de preocupación)*

**Margarita:** *(Muy preocupada)* ¿Qué?

**Antonio:** Nada…que…no sé yo si…

**Margarita:** *(Asustada y preocupada)* Diga, hable con claridad.

**Antonio:** *(Intrigante, mira a su alrededor por sí alguien los escucha y hablando bajito)* No es la claridad lo que me preocupa.

*(Carlos asoma por un lateral del escenario con un brazo escayolado y con mirada de investigador se acerca hasta Antonio y con ceño lo mira, mira a Margarita. Se miran Margarita y Carlos, los dos miran a Antonio)*

**Carlos y Margarita**: ¿Entonces? *(Antonio y Margarita miran a Carlos. Éste pide disculpas, con gestos y sale de escena de espaldas. Al salir se escuchan ruido de cacharros caer)*

**Carlos:** *(se escucha voz)* Estoy bien.

**Margarita:** *(Asustada)* ¿Entonces?

**Antonio:** *(Misterios)* Entre usted y yo.

**Margarita:** *(Con miedo)* ¿Sí?

**Antonio:** *(Sonido de suspense)* Su gusto.

**Margarita:** *(Cara de terror)* Mi gusto.

**Antonio:** Sí. Como no tiene gusto, no se sí estará capacitada para escuchar una de las dos respuestas.

**Margarita:** ¿Entonces?

**Antonio:** Entonces lo mejor será…

**Margarita:** ¿El qué?

**Antonio:** *(Solemne)* Esperar.

**Margarita:** ¿Esperar?

**Antonio:** Sí, dada la complejidad del tema, será lo mejor.

**Margarita:** Pero…

**Antonio:** Además que justamente era lo que estábamos haciendo usted y yo. Esperar.

**Margarita:** No, no, no, ni hablar. Si no recuerdo mal era usted el que esperaba.

**Antonio:** *(Tono de burla)* Y si no recuerdo mal es usted la que carece de gusto.

**Margarita:** ¿Y eso qué tiene que ver? No me cambie de tema.

**Antonio:** A ver mujer, no me mal interprete. Como usted carece de gusto y no sabe qué opinión es mejor, si la mentira o la verdad…

**Margarita:** ¿Sí?

**Antonio:** Es lógico pensar…

**Margarita:** Vamos, continúe, diga, diga, no sea condescendiente y dispare.

**Antonio:** Usted también... Espera.

*(Margarita transita del enojo a la calma, simulando un ritual de espiritualidad. Invoca al Dios de la paz se calma y una vez calmada, se sorprende)*

**Margarita:** ¡Anda! Pues es verdad, tiene usted toda la razón amigo mío.

**Antonio:** *(Fanfarrón)* Bueno, no hay de qué, ya lo sabía, hay veces que tengo momentos de lucidez, inspiradores y reveladores como éste. Cuando pienso, cuánto talento desaprovechado hay en el mundo; es más, cuando pienso que mi talento está tan desaprovecha....

**Margarita:** *(Gritando histérica)* Yaaa basta. *(Silencio. Sonríe dulce y cariñosa)* Y usted, ¿a quién espera?

**Antonio:** ¿Yo?

**Margarita:** Sí, usted.

**Antonio:** Pues no lo sé.

*(Largo silencio, los dos se quedan pensando a quien esperan)*

**Antonio:** ¿Y usted?

**Margarita:** ¿Yo?

**Antonio:** ¿Sí, usted que espera?

**Margarita:** Pues verdaderamente, espero recuperar el gusto para no vivir en una mentira. *(Se miran y ella para reafirmar su argumentación)* Vamos, en definitiva... *(Antonio la mira expectante)* No lo sé. *(Se sorprende de lo que dice)* No lo sé, digo, oiga, que no lo sé *(ríe)* mire, no lo sé, pero si quiere se lo aderezo con una mentira y así nuestra espera será más llevadera. *(Ríen ambos dos a carcajada. Poco a poco dejan de reír y se miran fijamente)*

**Antonio:** Oiga...

**Margarita:** ¿Qué?

**Antonio:** Es usted una verdadera genia.

**Margarita:** Gracias, ya lo sabía.

*(Se miran embelesados como dos tortolitos. Silencio)*

**Antonio:** ¿Quiere usted saber lo que esperaba?

**Margarita:** ¿Importa?

**Antonio:** Creo que sí.

**Margarita:** Pues dígame.

**Antonio:** He cruzado océanos de tiempo para encontrarte...

**Margarita:** ¡Oh, amor, mío! Ya me has encontrado.

**Antonio:** Mina...

**Margarita:** ¿Qué Mina, ni qué ocho cuartos? Óigame usted, mi nombre es Margarita. *(Enfadada extendiendo la mano para saludar)*

**Antonio:** Disculpe, pero como...Un placer Margarita. *(Antonio coge la mano de Margarita para saludarla con lo que parece un simple apretón de manos, pero Antonio al coger la mano de esta, la gira tierna mente y besa el dorso de la mano a Margarita)* Yo, Antonio. *(Cariñoso)* Y ¿usted?

**Margarita:** Ya le dije, Margarita.

**Antonio:** No, no me refiero a que usted qué espera. *(Sin soltar la mano de Margarita la mira seductor y le vuelve a besar el dorso de esta)*

**Margarita:** *(Pasionalmente ridícula)* Recuperar el gusto. *(Sensual y apasionada agarrando el brazo y la solapa de la chaqueta de Antonio)* Pero mientras tanto, viviré esta mentira. *(Se besan con un piquito. Carlos entra con un brazo escayolado, un cabestrillo, un collarín y un bastón en escena. Mira cómo se besan Antonio y Margarita)*

**Carlos:** ¡Eh! Que corra el aireeeee. *(Antonio y Margarita siguen mirándose hipnotizados Carlos sale y al salir se escucha ruido de cacharros caer)* Estoy bien. *(Antonio toca el cuello de Margarita y nota el pañuelo en sus manos, mira el pañuelo y mira a Margarita intrigado)*

**Antonio:** Oiga...

**Margarita:** Sí, dígame. *(Obnubilada por el piquito de Antonio)*

**Antonio:** ¿Usted no me dijo que vendría con un pañuelo color azul? *(En el bar entra una chica joven vestida muy elegante y con un pañuelo azul al cuello, Antonio mira a Margarita y mira a la joven, vuelve a mirar a la joven y luego a Margarita, se levanta y se marcha* *del bar con la joven del pañuelo azul. Carlos entra con un brazo escayolado, un cabestrillo, un collarín, un camisón de enfermo de hospital y un bastón en escena, se sienta en la mesa con Margarita se miran)*

**Carlos:** Has estado impresionante.

**Margarita:** De veras Charlie.

**Carlos:** Sí, Ángeles, pero mañana nos infiltramos en un Spa que esto del bar es mu cansao. *(Fundido en negro)*

# UN MINUTO DE GLORIA

*De Ignacio Nieto*

# UN MINUTO DE GLORIA

*De Ignacio Nieto*

*(Interior del despacho del director de la prisión. Es sobrio, sin detalles ni adornos: sólo una mesa, dos sillas y un mueble con cajones al fondo. Frente a DIRECTOR, está sentada VICTORIA. Es una reclusa con ciertas limitaciones intelectuales. Va algo encorvada y siempre con la mirada baja. Ronda los cuarenta años. Hoy se le nota en la cara algo parecido a la felicidad. DIRECTOR la trata con condescendencia, quizás excesiva)*

**DIRECTOR** – Bueno, bueno, bueno... Ha llegado el día. Por fin.

**VICTORIA** – Sí. Por fin.

**DIRECTOR** – Estarás contenta... ¿No es así?

**VICTORIA** – Sí. Estoy contenta.

**DIRECTOR** – Ha sido mucho tiempo.

**VICTORIA** – 15 años, 3 meses y 2 días. Lo he apuntado todo aquí *(le enseña una libreta pequeña y gastada, totalmente llena de rayas a bolígrafo).* Cada día es un palito.

**DIRECTOR** – *(Fingiendo asombro)* Vaya, impresionante.

**VICTORIA** – Hay 5541 palitos. Los contaba cada noche antes de dormir *(hojeando la libreta en silencio unos segundos).*

**DIRECTOR** – En el tiempo que has estado aquí me consta que has hecho mucho bien, Victoria: has ayudado a otras reclusas y a los propios trabajadores del centro. Déjame decirte que estoy muy orgulloso de ti *(alarga la mano hasta cubrir la mano de VICTORIA).*

*(VICTORIA sonríe tímidamente sin mover la mano)*

**VICTORIA** – Gracias, señor director.

**DIRECTOR** – Carlos, llámame Carlos. Te lo he dicho muchas veces, Victoria *(retirando la mano)*.

**VICTORIA** – *(Después de unos segundos)* He hecho muchas cosas buenas aquí dentro, vale, eso está muy bien. *(Sacando una fotografía del bolsillo, muy arrugada)* Pero no he podido ayudarle a él *(besa la fotografía tiernamente)*. Toni, a mí me hacías caso siempre. Pero no estaba contigo.

*(Clava la mirada en la foto unos segundos. Luego mira a DIRECTOR y continúa hablando)*

Era una cabra loca, pero a mí me hacía caso. Sabía que iba a pasar esto: yo aquí en la cárcel y él fuera sin que nadie le corte las alas. Se estampó con el coche contra una farola. Estaba borracho y drogado. Si no se hubiera quedado solo ahora estaría vivo. *(Mirando de nuevo la fotografía con cariño, al borde las lágrimas)* Eras muy tonto, Toni, mira dónde estás ahora *(besa la fotografía de nuevo)*.

**DIRECTOR** – Victoria, tranquila, si puedo hacer algo… *(Levantándose de la silla y cogiendo de los hombros a VICTORIA por detrás)*

**VICTORIA** – Toni se mató hace muchos años. Yo estoy tranquila *(irguiéndose en la silla muy dignamente)*.

*(Lentamente, DIRECTOR, se dirige al mueble del fondo y saca una botella y dos vasos de uno de sus cajones. Llena un vaso y se lo ofrece a VICTORIA. Ella lo rechaza con gesto tímido. DIRECTOR bebe un trago y se sienta de nueva. Después de unos segundos, carraspea un poco y empieza a hablar de nuevo)*

**DIRECTOR** – Victoria, supongo que entiendes que…

**VICTORIA** – *(Interrumpiendo a DIRECTOR)* Claro que lo entiendo, me lo habéis dicho muchas veces: *(imitando otra voz)* era un caso complicado, con demasiadas coincidencias desafortunadas. Tuviste mala suerte.

**DIRECTOR** – El sistema no es perfecto, tiene grietas.

**VICTORIA** – Por una de esas grietas me colé yo. *(Algo enfadada)* Yo soy inocente. Era inocente.

**DIRECTOR** – La Administración se ha disculpado contigo en varias ocasiones. Y ahora están evaluando la indemnización que te pertenece, Victoria. Tendrás la vida resuelta.

**VICTORIA** – Pero he estado metida aquí dentro muchos años. Eso no me podéis devolver. *(Mira de nuevo la foto)*

**DIRECTOR** – Victoria…

**VICTORIA** – Estoy bien. Hace muchos años ya que he perdonado. A todos. No hay culpables. Ha sido mala suerte, ¿no?

**DIRECTOR** – Te tomas la situación con una entereza que más de uno quisiera. Por más que te oigo decir esto me sigue sorprendiendo.

**VICTORIA** – No podía hacer otra cosa. ¿Qué haría usted?

**DIRECTOR** – *(Después de unos segundos de reflexión)* Yo… No lo sé. No lo sé. *(Suspira y mira el reloj)* Bueno, ya es la hora. Te dejo todo el tiempo que necesites para recoger tus cosas, pero antes quiero despedirme de ti en condiciones *(levantándose y acercándose a VICTORIA)*.

*(BlackOut)*

*(VICTORIA recoge las cosas de su celda lentamente, con cariño. Se despide con la mirada de todos los rincones. Saca la fotografía, le dice unas palabras y le da un beso. Antes de guardarla de nuevo, le enseña la celda con todo detalle. Después, empieza a salir muy despacio. Echa una última mirada hacia atrás y sale con decisión)*

*(BlackOut)*

*(Se ilumina la que fue la celda de VICTORIA con una luz muy viva. Sentada en una silla está PRESENTADORA, que presenta el programa de entrevistas y variedades "Algodón de azúcar")*

**PRESENTADORA** – Muy buenas tardes, bienvenidos un sábado más a este programa que, semana tras semana es líder de audiencia. Como cada sábado, tenemos música, tertulias, noticias del corazón, sorpresas y mucha, mucha diversión *(suenan aplausos enlatados)*. Soy Carmen Villalobos y esto es "Algodón de azúcar", el programa que gusta a todo el mundo *(suena la sintonía del programa mientras PRESENTADORA se coloca la ropa y el pelo)*. Bien, hoy es un día especial. Hoy estamos grabando el inicio del programa desde la cárcel de mujeres Santa Águeda, concretamente desde la celda en la que estuvo más de 15 años nuestra protagonista de hoy: Victoria Martínez Román. Seguro que os estáis preguntando: ¿Y qué tiene de especial? Muy sencillo: resulta que Victoria fue condenada injustamente por robo con homicidio y tráfico de drogas. Hace poco se demostró su inocencia y esta semana ha sido puesta en libertad. Cuando los compañeros del programa contactaron con ella para organizar esta entrevista se quedaron de piedra con algunas de sus afirmaciones, que cito textualmente: "He estado encerrada más de 15 años pero no estoy enfadada. Ha sido una grieta del sistema, he tenido mala suerte. Yo he perdonado a todos hace años". No cabe duda que es una mujer muy, pero que muy especial. Recibamos con un fuerte aplauso a Victoria Martínez Román.

*(Suenan aplausos enlatados y aparece, tímidamente, VICTORIA, del brazo de DIRECTOR, que la acompaña hasta la silla. Cuando se sienta, él se queda de pie, junto a ella)*

**PRESENTADORA** – Bienvenida, Victoria. Veo que te acompaña el director del Centro, don Carlos Negro Echegaray *(le mira, invitándole a salir)*. Muchas gracias.

*(DIRECTOR duda unos segundos y, cuando capta el mensaje, sale a toda prisa murmurando algo a modo de disculpa)*

*(PRESENTADORA mira fijamente a VICTORIA, con aire condescendiente y más despacio de lo normal)*

**PRESENTADORA** – Bueno, bueno, bueno. Victoria. Aquí estamos, en la celda que fue tu hogar durante más de 15 años. ¿Cómo te sientes?

**VICTORIA** – *(Con cara de no entender bien la pregunta)* Bien. Ya no vivo en esta celda. Soy libre.

**PRESENTADORA** – Claro, Victoria. *(Con cierto tono de impaciencia)* Pero me refiero a tus sentimientos ahora, a estar aquí de vuelta. ¿No se te remueve nada?

**VICTORIA** – *(Responde sin pensar, sigue sin entender demasiado lo que le preguntan)* No. Es cosa del pasado. Y fue un error. Yo era inocente. *(Al decir la frase, intenta rectificarla atropellándose a sí misma)* Yo soy inocente. Lo era y lo soy. Nunca he dejado de serlo.

**PRESENTADORA** – *(Con cara de vergüenza ajena)* Vale. Ha quedado claro que eras *(añadiendo rápidamente el resto de la frase al ver que VICTORIA iba a replicar)* y eres, y eres inocente, que todo ha sido un error. Tú decías…

**VICTORIA** – Una grieta del sistema. Y yo me he colado por ella.

**PRESENTADORA** – *(Echándose a reír)* ¡Ay, Victoria, qué mona eres! *(Se arregla el pelo durante unos segundos)* Hay una cosa que me fascina de Victoria y es su capacidad de perdonar. Cuéntanos, Victoria.

**VICTORIA** – *(Sin saber a qué se refiere)* ¿El qué?

**PRESENTADORA** – Pues eso que dices, que has perdonado…

**VICTORIA** – Ah, vale. Pues eso: que yo he perdonado a todo el mundo. Nadie tiene la culpa, sólo fue mala suerte.

**PRESENTADORA** – Impresionante. Cuánta entereza, Victoria, te admiro. *(Con aire malicioso)* ¿Y no echas de menos nada?

**VICTORIA** – *(Después de unos segundos)* Sí. A Toni *(saca la foto y la muestra a PRESENTADORA y a las cámaras con aire solemne).* Murió mientras estaba encerrada. Era un poco cabra loca y no estaba yo para cortarle las alas. *(Mira la foto con cariño, empieza a hablarle en voz baja y le da varios besos)*

**PRESENTADORA** – *(Mientras VICTORIA está ensimismada con la foto)* ¿No es increíble? Que alguien así… como ella… alguien así de especial nos de esta lección de entereza, de capacidad de perdonar… ¿cuánta gente pediría venganza a gritos?... En fin, la naturaleza ha sido sabia con ella: le ha negado unas capacidades pero le ha dado otras. *(Recibe algo por el auricular que lleva en el oído)* A ver, un momento, que me hablan por el pinganillo… Sí… Sí… Precioso, es precioso. *(Llamando la atención de VICTORIA)* Victoria, me acaban de decir por el pinganillo que la dirección del programa se ha emocionado mucho con tu historia y quieren hacerte un regalo. ¿Qué te parecería organizar una fiesta en tu honor? Podrías invitar a quien quisieras y serías la estrella.

**VICTORIA** – *(Animada)* ¿Una fiesta? Sí, claro que sí, me encantan las fiestas.

**PRESENTADORA** – Y dime: ¿a quién invitarías?

**VICTORIA** – Pues no sé…

**PRESENTADORA** – Piensa, Victoria. Quizás en alguien de tu entorno.

**VICTORIA** – Bueno, sí, a mis compañeras de la cárcel.

**PRESENTADORA** – ¿A los funcionarios que trabajan en ella?

**VICTORIA** – Sí, también.

**PRESENTADORA** – ¿Al director?

**VICTORIA** – También.

**PRESENTADORA** – ¿A los que estuvieron en el juicio? Jurado, abogados…

**VICTORIA** – Sí, también a ellos.

**PRESENTADORA** – Genial, Victoria, la dirección del programa se encargará de todo: buscará un lugar adecuado y cerrará contigo la lista de invitados. Naturalmente, será un programa especial, una gala que se emitirá en riguroso directo. Ya verás, Victoria, será genial. Y tú tendrás tu minuto de gloria.

**VICTORIA** – Mi minuto de gloria *(sonriendo tímidamente y mirando la foto).*

*(BlackOut)*

*(Es el día elegido para la fiesta. Se ilumina una habitación donde VICTORIA se está acabando de vestir. En ese momento llaman a la puerta y la abren. Es PRESENTADORA, que viene a avisarla)*

**PRESENTADORA** – Victoria, ya es la hora: ¡ha llegado tu minuto de gloria!

**VICTORIA** – Voy enseguida.

**PRESENTADORA** – Vale, pero no tardes, que están todos deseando verte *(le da un beso en la frente y sale).*

*(VICTORIA saca la foto y empieza a hablarle en voz baja. De vez en cuando la besa y ríe, como si estuviera manteniendo una conversación)*

**VICTORIA** – *(A la foto)* Vamos, Toni, que es mi minuto de gloria *(le da otro beso y la guarda).*

*(VICTORIA se acerca a su bolso y saca una pistola. Con ella en la mano sale lentamente)*

*(Una vez fuera, la gente empieza a vitorearla. Segundos después, ven la pistola y empiezan a murmurar. Suenan varios disparos y la gente grita aterrorizada. Poco después suenan sirenas de la policía y ambulancias)*

*(BlackOut)*

*(FIN)*

# EN MI PIEL

*De Rodrigo Muñoz*

# EN MI PIEL

*De Rodrigo Muñoz*

**Voz en Off:** ¡Silencio!... No digas nada, no me mires, no abras los ojos, no te muevas, estoy aquí. *(Poco a poco se escucha la suave briza del mar, la cual se vuelve mas intensa a cada segundo que pasa)*

**Ella:** mmm... ¿donde estoy?

**Barquero:** Llevas tiempo durmiendo.

**Ella:** ¿Quien es usted?

**Barquero:** Sientes el aire como golpea tu rostro. Y sin darme cuenta te libere de estar ahora mismo en medio del mar.

**Ella:** No recuerdo nada, no se, quien, estoy confundida, mi cabeza.

**Barquero:** Despierta... Mi remo impulsa mi dirección hacia el horizonte, desnudo nuevas islas, aprecio sus encantos y desafío sus engaños, el sol me abandona poco a poco, sin embargo mi rumbo es uno.

**Ella:** Pero, ¿de que me habla? ¿cuanto tiempo lleva usted en este barco?

**Voz en Off:** ¡Silencio!... No digas nada, no me mires, no abras los ojos, no te muevas, estoy aquí.

**Barquero:** Respiro... Los segundos, los minutos, las horas, las semanas y las épocas, tú deberías saberlo.

**Ella:** De verdad usted, tú... ¿vives aquí, navegando? Es que yo, yo no puedo estar en medio de la nada, esto es tan frágil, y si vienen las tormentas, no se que hago aquí... Debo irme.

**Barquero:** Escucha mi voz, debes estar aquí créeme, este remo resiste a todo y tú también lo harás.

**Ella:** *(muy asustada)* ¿Como?... Yo... No te conozco, estas sufriendo por la inmensidad de la soledad, estas delirando, ¿sabes que me ha pasado?... sabes, ¿quien soy? ¿A donde vamos? Que me ocurrió, las tinieblas han acampado en mi mente.

**Barquero:** *(mirándola)* Ves esa luz en el limite de lo que ven tus ojos, pues mas allá aún, o quizás mas acá, jeje, no lo se, donde me lleve la brisa del viento, sus caminos quiero recorrer y de ellos, tú deberías aprender.

**Ella:** ¿Que? Conteste mis preguntas por favor, ¿Quien soy?, ¿Que hago aquí? No vamos a ningún sitio en concreto, ¡Necesito salir de aquí!

**Barquero:** ¿Que te apremia? ¿Hay alguien esperándote en algún lado? Fue una catástrofe, la gran isla de Isis se hundió al fondo del océano, pero te liberaste.

**Ella:** Una isla, ¿Isis?... oiga, yo, yo no recuerdo nada, pero le agradezco la ayuda... Quiero llegar pronto a otra isla o pisar un poco de tierra firme donde pueda mantenerme quieta, estable, me siento mal, mareada.

**Voz en OFF:** Se acerca la tormenta, no te voltees, soy yo quien te salve, ven a mí.

**Barquero:** (él la mira fijo) La tormenta se acerca sin que puedas detenerla, esta gritando tu nombre, no huyas, te salve y yo te cuidare.

**Ella:** ¿...? (aparte y con miedo) Debo escapar de aquí, esta loco... (volviendo a su sitio) No hace falta gracias por su ayuda, no quiero molestar, creo que no debo estar navegando toda mi vida como usted.

**Barquero:** No lo harás o puede que si, depende de ti.

**Ella:** ¿...? De mi, no entiendo (irónica y asustada) ¡Ayuda! ¡Ayuda!

**Barquero:** Estas asustada, lo se y sientes algo amargo recorriendo tu pecho, pero debes estar conmigo.

**Ella:** Yo, no (mas desesperada mira alrededor) ¡Necesito ayuda!, ¡Alguien me puede ayudar!

**Barquero:** Algo has perdido por el camino, ¿no? y no logras encontrar.

**Ella:** ¿...? no lo se, ¡Quiero bajarme de este barco! Me siento atrapada,¡Ayuda!

**Barquero:** Hazlo, Isis no vendrá a por ti, sofoca de una vez su voz, olvidala.

**Voz en OFF:** Ven conmigo a mi lado

**Ella:** Esa voz, no puedo… Isis.

**Barquero:** Si, sé que existió una isla con unos robustos prados llenos de un verde vivo, mezclados con áreas multicolores de tipo de flores, y sentado en el limite de la playa podías esperar el agraciado atardecer, donde la luz del horizonte iba mitigando su presencia y ahogando su figura en medio del mar, la conciencia, el centro celestial de esa isla era Isis… Y ¡Tú!, ¡Tú la desafiaste!

**Voz en off:** Ven conmigo a mi lado, no importa si dudaste de mi, te perdono, volverás a estar en mi regazo obedeciendo mi palabra sabiendo que la única verdad es la mía.

**Ella:** No se que me pasa. No, yo no podría desafiar a nadie.

**Barquero:** ¡Fuera del barco!

**Ella:** ¿Que?

**Barquero:** ¡Fuera!, ¿No quieres libertad?

**Ella:** (con miedo) No puedo, ¿donde voy a ir?

**Barquero:** ¡Que salgas he dicho! (la coge del brazo).

**Ella:** Pero usted esta loco, como quiere sacarme de aquí, me quedare sola en el mar.

**Barquero:** (mirándola fijo) Hace unos momentos eras tú la que querías bajar y exclamabas al viento ¡Ayuda! (grita) ¡Sáquenme de aquí! Decias, ¡Ayuda! Vete, fuiste tú quién perturbo a Isis, ahora debes asumir las consecuencias.

**Ella:** No, no me deje, por favor.

**Barquero:** (la coge de los brazos) Isis era en todo lo que creías, ¡Era tu fe!

**Ella:** ¡Dios! (del relámpago caen hacia un lado cada uno, ella se arrodilla un momento se mira a si misma, sus manos, su cuerpo) Una luz, deseaba estar con alguien, ¡Oh! Me duele (se coge la cabeza), su supremacía era tan inmaculada que peque, atente contra ella y sobretodo deje mi fe, deje mi fe y he ensombrecido su presencia.

**Barquero:** ¿Donde has dejado tu fe? ¿Donde te has perdido?

**Ella:** La isla se fue, se fue, necesito creer en algo, ¿Que me has hecho?, esto no es verdad.

**Barquero:** Cree en ti, a veces la vida sigue un camino distinto al que pensabas, toda convicción es una cárcel, Isis no te salvo del mar, fuiste tú quien se salvo a si misma y gritaste mi ayuda.

**Ella:** (para si misma, recordando) No, siento que hice algo mal... si, lo veo, lo siento, me empalagué de su aire, estreche mi cuerpo contra el suyo, respire su sudor (se desmaya pero sin perder el conocimiento, él la coge).

**Barquero:** Toma un poco de este zumo y come de esto, tendrás hambre.

**Ella:**(sospechosamente toma el zumo y la comida) … gracias.

**Barquero:** Es natural, esa convicción no te llevara a ningún lado.

**Ella:** Aun tengo el aroma de su piel.

**Barquero:** Cree en algo más.

**Ella:** No me arrepiento.

**Barquero:** Lo importante es que estas cambiando.

**Ella:** ¿Que? de que habla ahora… ¡ay! (se siente mal).

**Voz en off:** Ven conmigo a mi lado, no importa si dudaste de mi, te perdono, volverás a estar en mi regazo, mi palabra es tu fe.

**Barquero:** Te abrirá sus brazos nuevamente. No lo hagas.

**Ella:** ¡No! La luz de mis ojos estaba graduada para beneficio de Isis, yo bailaba al compás de tus cantos, creía en ti y me desterraste, solo este señor vino en mi ayuda, ¿Dónde estabas tú?, Perdí mi esperanza, pero sobreviví y ahora el credo esta en mí. Que me esta ocurriendo…

**Barquero:** Todo ocurre por alguna razón.

**Fe:** ¿Que me has hecho? Tú, ¡Me has envenenado! (todo se oscurece, nubes, viento, amanecer, sol, luna, estrellas…)

**Fe:** (se despierta) ¿Que paso? ¡me estremece! Esta en mi cabeza, no lo puedo contener.

**Barquero:** Escúchame, lo que te ocurrió no es simple casualidad, no culpabilices a nadie, no te juzgues a ti, no debió ser abrupto, es necesario que entiendas que esa parte de ti, a partir de ahora siempre estará, despertaste tu deseo

**Fe:** ¡Ah! Me duele, ¿Que me has dado?

**Barquero:** Lo que tenia que hacer, la semilla ha crecido y esta floreciendo en ti, solo tienes que darte cuenta.

**Fe:** Usted esta loco, lo sabia, ¡Ah! algo recorre en mi interior… ¡Ah!

**Barquero:** Esta creciendo, tus sentidos están abriéndose, a la vez que los míos se van apagando, en mi mente se hallaba una pequeña luz que ahora esta desapareciendo, percibe el sonido del aire sobre el agua, tu piel esta cada vez frágil y envuelve tu etéreo cuerpo tal como si de una cebolla se tratase, esto va viajando por todo tu ser y esta bajando por…

**Ella:** Mi pecho, ¿Que es esto? Por fin encontró su sitio, esta en mi vientre (toca su vientre) es un nido y en su centro palpita esa luz que estaba en tu mente.

**Barquero:** (se levanta) El sol nuevamente brillara para guiarte, han sido miles de amaneceres solo navegando hasta subirte a esta barcaza, ahora tú ya no estarás sola, como lo he estado yo, ahora ya puedes creer en algo nuevo, en ti, en ese nuevo nido que esta brotando en el centro de ti, olvida a Isis, olvida a Dios, por que ya no exploraras la vida sola como lo he hecho yo, lo harás acompañada, era mi obligación rescatarte así como tú me has rescatado de mi soledad.

**Fe:** ¡Me duele! ¡Ah! La gracia en mi ha anidado, ¡Ah!! Mi deseo… Quiere venir… ¡ah!

(grita)

**Barquero:** Respira y deja que el instinto haga su trabajo (el va desapareciendo lentamente) mira… (comienza amanecer) el sol comienza a despertarse, es tan delicado como de una gota de agua llegando desde el cielo… (comienza a cantar) tu mirada de ahora en adelante es hacia el infinito. (se recupera y mira buscando al barquero y ha desaparecido)

**Fe:** ¿Donde se ha ido? ¡¿Se ha ido?!, no me dejes sola (se queda pesando, mira y toca con sus manos su vientre) espero que tengas un buen viaje, me has permitido a reflexionar, sentir que durante todo este éxodo escapaba de algo, todos creíamos en Isis, todos creíamos en Dios, más yo no se si exista aún, estuve en una barca oprimiendo mis remordimientos, aceptando que no puedes cambiar el pasado y me perdone y entendí que fue el deseo, el deseo quien abrió mis ojos y el amor en mi es el que nacerá. (nace el niño, se escuchan sus gritos)